AI時代に
複式簿記は終焉するか

九州大学名誉教授
岩崎　勇 編著

税務経理協会

はじめに

2020年の初めからの新型コロナウイルス感染症(1)が世界的に猛威を振るい，翌年1月16日現在において約9,000万人以上の人が感染している。この関係でIT(2)が高度に発展している今日において，テレワーク(3)が一気に進展してきており，また会計(4)の分野では，クラウド等を利用したテレ会計(5)が浸透しつつある。このように，現在においては，従来の手書会計（手書きにより「仕訳→転記→財務諸表」という簿記一巡の手続きによって会計帳簿や財務諸表を作成表示する会計）からコンピュータ会計（コンピュータを利用して，初期の入力と同時に，会計帳簿や財務諸表を自動的に作成表示する会計）へと進展（「コンピュータ会計化」）してきており，しかもこのコンピュータ会計がAIやクラウド等を活用し，一層高度に発展してきている。と同時に，このコンピュータ会計においては，時々「実際のデータが入力される場面において，簿記のテキストにあるような『複式簿記』が必ずしもされるとはかぎらない(6)」というような状況が生じている。

このような状況を前提として，本書での問題意識は，自動仕訳やAI等を活用したコンピュータ会計化に伴って，複式簿記は終焉《しゅうえん》するか否かということである。

このような問題意識に応えるために，本書の目的は，従来の手書会計からコンピュータ会計への移行によって，本当に複式簿記は終焉するか否かを明確に

---

(1) COVID－19といわれる。

(2) 情報技術のこと。

(3) 「リモートワーク」や「在宅勤務」等ともいう。

(4) 本書で「会計」という場合には，基本的に「財務会計」のことを指し，特に言及のない限り，「管理会計」は想定していない。

(5) 「テレ経理」等と呼ばれることもあり，会社内部の経理部等から離れた場所で会計処理を行うこと。

(6) 坂上［2017］29頁。

すること，すなわち複式簿記のどのような部分が変化し，また変化しないのかを明らかにするである。そして この目的を果たすために，本書は，次なような構成となっている。

はじめに
第１章　簿記の意義と特徴
第２章　簿記の歴史－勘定理論の変遷－
第３章　因果的複式簿記と分類的複式簿記－収益費用アプローチから資産負債アプローチへの会計観の変更の観点から－
第４章　帳簿の電子化と複式簿記の役割
第５章　ERP，RPA，クラウド会計の進展と複式簿記
第６章　ブロックチェーン技術の進展と簿記
第７章　手書会計とコンピュータ会計との差異
第８章　コンピュータ会計化に伴う複式簿記の変容
むすび（AI時代に複式簿記は終焉するか）

本書の刊行の発端は，2018年に設置された日本簿記学会理論研究部会スタディグループでの研究会である。スタディグループのメンバーの先生方には，度重なる研究会での活発な議論で大変お世話になった。なお，本書の各章の内容は，スタディグループ全体の統一見解ではなく，各先生方の考え方を示している。

（参考文献）

坂上学［2017］「帳簿の電子化と複式簿記の役割」日本簿記学会第33回関西部会資料，1－33頁。

（岩崎　勇）

目　　次

AI時代に

複式簿記は終焉するか

岩崎　　勇　編著

して，財産法による利益計算を想定し，これを簿記の利益計算に含める考え方である。他方，「利益計算を含めない説」は，単式簿記においては，一般にすべての損益項目に関する組織的な記録が簿記のシステムそれ自体としてなされないという事実に着目し，利益計算は簿記システムの埒外《らちがい》にあるので，間接的に財産法によって利益計算がなされ得るとしても，直接的には簿記に利益計算は含まれない，と考えるものである。

表１－４　利益計算の種類

摘　　要	単式簿記	複式簿記
財産法*1	○	(○)*3
損益法*2	×	○

＊1　期中における継続的・組織的な記録に基づかず，実地棚卸に基づくもの。
＊2　期中における継続的・組織的な記録に基づくもの。
＊3　複式簿記においても，補助的な手段として，実地棚卸に基づくデータを活用している。

2　複式簿記の目的

ここでは，複式簿記が終焉するか否かを考えるのに当たり，そもそも「複式簿記の目的」ないし「複式簿記の機能」とは何なのか。そして，それは「コンピュータ会計化[12]」に伴って不要となるのか否かという問題意識の下で，複式簿記の目的について明確にしていくこととする。

この目的に関しては，一般に表１－５のようなものが挙げられる。これらのものについて，以下では，個別的に検討していくこととする[13]。

⑿　手書会計からコンピュータ会計への移行のことである。
⒀　岩崎［2018］13－15頁を参照されたい。

表１－５　複式簿記の目的

①	財産管理目的
②	貸借対照表上での財政状態表示目的
③	損益計算書上での経営成績表示目的

（出所）岩崎［2018］14頁（一部修正）。

⑴　財産管理目的

複式簿記を始めとする簿記⒁の最も原初的で基本的な目的は，組織的で継続的な取引記録に基づく「財産管理目的」ないし「財産管理機能」であり，それゆえ，複式簿記は財産管理システムの一つである。すなわち，この財産管理は，例えば，商品等の財産の期中における増減変化とその残高を記録計算表示することによって，財産を管理することである。この財産管理を行うためには，その前提として簿記に基づく取引記録の管理すなわち取引管理ないし仕訳管理が有用である。ここで「取引管理」（仕訳管理）とは，日々の営業活動の中で発生した一つの取引の内容を，簿記を用いて記録として一つの仕訳の形で表示することによって把握し，管理することである。

この場合，単式簿記と複式簿記とでは，表１－６のように，取引管理の内容が異なっている。すなわち，単式簿記における取引管理では，その管理対象としての財産が特定されており，その財産のみを対象としたものであり，また単式簿記が，発生した取引について他の変化との関連付けを行わず，独立的，一面的にそれを把握（「一面的把握」）し，それに基づいて一面的に記録（「一面的記録」）を行い，一つの取引の内容の一部分を表示する技術であるので，一面的で部分的な取引管理である。これに対して，複式簿記における取引管理では，複式簿記が，発生した一つの取引における財産の変化を，因果関係等に基づいて他の変化と結び付け（「関連付け」），二面的に把握（「二面的把握」）し，それに基づいて二面的な記録（「二面的記録」）としての仕訳を行い，一つの取引の内

⒁　単式簿記においても，この目的は重要である。

容の全体（取引全体性）を表示する技術であるので，二面的で全体的な取引管理である。すなわち，複式簿記では，単に財産の増減変化を記録するのみではなく，それと同時に，その財産の増減変化の理由と結び付け，その理由を損益等として二面的に明示している。ここで「取引全体性」とは，一つの取引の全体が一つの仕訳として示されることである。

表１－６　簿記による取引管理（仕訳管理）

・①　単式簿記における取引管理	一面的で部分的な取引管理
・②　複式簿記における取引管理	二面的で全体的な仕訳による取引管理

この全体性との関連で，「取引の網羅性」ないし「取引レベルの網羅性」が考慮されなければならない。すなわち，この場合，網羅性の二側面としては，取引の内容を示すために必要なものはすべて入れることと，反対に取引の内容を示すために不必要なものはすべて排除することであり，この両側面が満たされなければならない。このような意味での網羅性を持った取引の全体性が取引管理のために求められる。

このように，「複式簿記による取引管理」（仕訳管理）は，表１－７のように，取引の存在を前提として，複式簿記によって，貸借平均の原理を採用し，また原因と結果等の観点から貸借項目間の関連付けを行い，二面的把握と二面的記録によって，取引の全体を一つの仕訳として示し，管理を行うものである。

表１－７　複式簿記における取引管理（仕訳管理）

・　取引の存在（信頼性）【前提】
・　貸借平均の原理（金額面）
・　二面的把握と二面的記録に基づく仕訳（勘定科目と金額面）
・　取引の全体の明示（取引全体性・網羅性）

この場合，その記録の信頼性が要求されるので，取引の存在を領収書等の証拠書類により証明できることや，それを一定の体系的なルールに従った秩序性のある複式簿記によって記録計算表示することが要求される。これによって，企業内部において取引管理や財産管理等の企業の内部管理が行えると共に，企

業の外部者によって行われる会計監査や税務調査等にも対応できるようになる。この際には，財務諸表から元の取引データまで遡及（「ドリルダウン」）できることが要求される。

このように，複式簿記における財産管理目的は，コンピュータ会計化に伴っても，より重要性が増えることがあるとしても，不要になることはない。

(2) 貸借対照表上での財政状態表示目的

複式簿記は，前述のように，実在勘定（ストック勘定）である貸借対照表項目勘定（資産・負債・純資産項目勘定）を持つことによって，貸借対照表上で財産計算としての財政状態の明示が可能となる。それゆえ，複式簿記は財務諸表作成システムである。すなわち，貸借対照表上での財政状態表示目的とは，複式簿記を用いて，会計上の認識基準を満たした貸借対照表項目勘定である実在勘定の期中の増減変化を網羅的・組織的・継続的に記録計算し，期末に貸借対照表を作成し，そこにおいて期末における資本の調達源泉とその具体的な運用形態としての財政状態として表示することである。

この貸借対照表上での財政状態表示目的は，コンピュータ会計化に伴っても，より重要性が増えることがあるとしても，不要になることはない。

(3) 損益計算書上での経営成績表示目的

複式簿記は，前述のような財産計算のための実在勘定の他に，純資産（資本）の内訳勘定である名目勘定（フロー勘定）である損益計算書項目勘定（収益・費用項目勘定）を導入することによって，損益計算書上で経営成績の明示する原因計算としての利益計算が可能となる。それゆえ，複式簿記は財務諸表作成システムである。すなわち，損益計算書上での経営成績表示目的とは，複式簿記を用いて，会計上の認識基準を満たした損益計算書項目勘定である名目勘定の期中の増減変化を網羅的・組織的・継続的に記録計算し，期末に損益計算書を作成し，そこにおいて一会計期間における利益を，その発生源泉として総額で示される収益から費用を差し引くことによって，経営成績として計算表示することである。

この損益計算書上での経営成績表示目的は，コンピュータ会計化に伴っても，より重要性が増えることがあるとしても，不要になることはない。

以上のように，これまでの検討に当たって，複式簿記の目的は，変容していないことが明らかになった。

3　記録原理と表示原理

⑴　概　　要

コンピュータ会計の高度に発展した現在において，例えば，「『複式簿記』はもはや，データを記録する際のフレームワークではなく，記録されたデータを閲覧するときのフレームワークへと変わっているのかもしれない⒂」というように，しばしば複式簿記は，表示原理ないし表現論理としては活用されているけれども，その本来の目的である記録原理としては使用されていないのではないか，ということが言われることがある。そこで，複式簿記の必要性の有無を，記録原理と表示原理という観点から明確にすることとする⒃。ここで，「記録原理」とは，表１－８のように，仕訳帳をはじめとする会計帳簿を記録するための原理のことであり，また，「表示原理」（表現論理）とは，仕訳帳をはじめとする会計帳簿や財務諸表を表示するための原理のことをいう。

表１－８　複式簿記の記録原理と表示原理

①　記録原理	仕訳帳をはじめとする会計帳簿を記録するための原理のこと
②　表示原理	仕訳帳をはじめとする会計帳簿や財務諸表を表示するための原理のこと

⑵　記 録 原 理

ここではまず，複式簿記の本質的な原理であるが，会計専門家の間で意見の

⒂　坂上［2017］31 頁。
⒃　岩崎［2017］40 頁。

相違が見られる「記録原理」として複式簿記が使用されているのか否かについて検討することとする。

これに関しては，従来の手書会計の場合においては，前述の複式簿記の意義で述べたように，複式簿記とは，取引の記録の側面において，取引の二面的把握という思考と貸借平均の原理に基づいて一つの取引を，原因と結果等の観点から他の勘定との関連付けを行って，借方・貸方二つに分けて帳簿に二面的記録としての仕訳を行う技術である，という仕訳帳の記録原理として使用されてきた。これに対して，現在のコンピュータ会計においては，会計専門家が仕訳入力を行う場合には，簿記についてよく理解しているので，従来と同様であると考えられるが，素人や起票さえ不要なAI等の機械が行う自動仕訳の場合や，ERPシステムが導入され，例えば，販売管理システムから売り上げデータが自動入力されるように，様々なシステムが連動して自動仕訳をする場合には，素人等は簿記に関する専門知識を必ずしも持っていないので，必ずしも二面的把握という思考を使用していないと考えられる。それゆえ，このように，仮に「入力者の入力時の認識だけに着目する場合」には，二面的思考の欠如→二面的把握の欠如→二面的記録（それゆえ複式簿記）が行われないこと，ということが論理的には考えられる。このように考えた場合には，理論的には複式簿記は記録原理としての役割を果たしていない，ということになろう。しかし，このようにコンピュータへの入力者の入力時の認識だけに着目するのではなく，「同時にソフトウェアも考慮した場合」には，別の考え方ができる。すなわち，コンピュータ会計化した現在においても，複式簿記が記録原理として機能しているという考え方である。これについての詳細な検討については，第7章「手書会計とコンピュータ会計との差異」，II(7)「記録形式」の箇所を参照されたい。

(3) 表示原理

次に，会計専門家の間で意見の相違があまり見られない「表示原理」（表現論理）として複式簿記が使用されているか否かについて検討していくこととする。

これに関しては，従来の手書会計の場合には，複式簿記は仕訳帳や総勘定元帳及び貸借対照表や損益計算書という財務諸表の表示原理として機能してきた。これについては，現在のコンピュータ会計においても，同様である。その理由は，会計専門家の間では，例えば，仕訳帳において，取引に関する仕訳を借方・貸方という左右で表示することが，会計上の伝統的な慣習となってきており，かつこの表示方法が非常に理解しやすいからである。このような表示原理として複式簿記が使用されていることに，現在においても会計専門家の間において一般的なコンセンサスが得られている。

なお，この複式簿記の記録原理や表示原理（表現論理）についての詳しい検討は，第４章「帳簿の電子化と複式簿記の役割」を参照されたい。

4　複式簿記の特徴

(1)　概　　要

次に，ここでは，複式簿記の特徴を明確にしていきたい。なお，複式簿記の特徴については，種々の観点からそれを挙げることができるが，ここでは，複式簿記の原理的な側面からの特徴（「複式簿記の原理的特徴」）について明確にすることとする。なお，ここで示される原理的特徴は，複式簿記が伝統的に有してきたと考えられるものである。そして，これらの特徴がコンピュータ会計化に伴って，変容したのか否かについての検討は，第８章「コンピュータ会計化に伴う複式簿記の変容」で行っているので，そちらを参照されたい。

この複式簿記の原理的な側面からの主な特徴には，表１－９のように，例えば，①取引の発生時点での継続記録，②（複式簿記の根本的な特徴として）一つの取引を因果関係等に従って二面的把握をし，二面的記録をすること，③勘定科目として貸借対照表上の実在勘定たる資産・負債・純資産（資本）項目勘定のみならず，損益計算書上の名目勘定たる収益・費用項目勘定も使用すること，④（会計上の認識基準を満たした項目を基礎として）貸借対照表上で企業の財政状態を示し，損益計算書上で経営成績を示すこと，⑤損益計算書上と貸借対照表上で二重の利益計算をすること，⑥貸借対照表等の財務諸表は，期中における組織的な継続記録から誘導法よって作成されること等が挙げられる[17]。これに関して，以下では，その内容を明確にしていくこととする。

表１－９　複式簿記の原理的特徴

①　発生時点での継続記録	記録の側面
②　取引の二面的把握	把握（認識）の側面
③　実在勘定と名目勘定の双方の使用	勘定の側面
④　財産計算と損益計算という二重目的の計算構造	計算目的の側面
⑤　二重の利益計算	利益計算の側面
⑥　継続記録による誘導法に基づく貸借対照表等の作成	貸借対照表作成の側面

（出所）岩崎［2017］42 頁（一部変更）。

⑵　複式簿記の原理的特徴

①　発生時点での継続記録

複式簿記の記録の側面における基本的な特徴の一つとして，取引の「発生時点での継続記録」が挙げられる。それゆえ，この側面から複式簿記は記録システムである。これは，簿記一般にいえることであるが，取引記録として取引の発生時点でその取引内容を継続的・組織的に記録していくことである。これによって，一定期間における企業の経営状況すなわち実在勘定の期中における増減変化や残高の状況並びに損益の発生源泉の明示等が可能となる。ここでは，前述のように，すべての取引を適切かつ網羅的に表示するという取引管理の観点から，取引の全体性と網羅性とが要求される。

②　取引の二面的把握

複式簿記の取引の把握（認識）の側面における最も根本的な特徴の一つとして，「取引の二面的把握」が挙げられる。これは，図１－１のように，取引の記録の側面において，前述のように，取引の二面的把握という思考に基づいて一つの取引を，原因と結果等の観点から他の勘定との関連付けを行って，借

⒄　同上論文 42 頁。

方・貸方二つに分けて把握することをいう。これに基づいて，二面的記録としての仕訳がなされることとなる。この場合には，前述の「記録原理」や「表示原理」として複式簿記が機能していることを意味する。

図１－１　取引の二面的把握と二面的記録

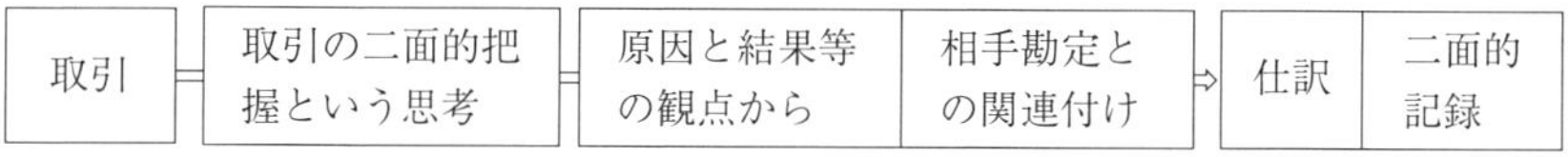

このように一つの取引について，相手勘定との関連付けを行うことによって，二面的把握に基づいて二面的記録としての仕訳を行うことは，複式簿記そのものであり，最も根本的な特徴である。なお，この二面的把握についての詳しい検討は，第７章Ⅱ「手書会計とコンピュータ会計との差異」(7)「記録形式」を参照されたい。

③　実在勘定と名目勘定の双方の使用

複式簿記の勘定の側面における基本的な特徴の一つとして，「実在勘定と名目勘定の双方の使用」が挙げられる。すなわち，これは，前述のように，取引の記録の側面において，すべての取引を網羅的に帳簿に記入するために，実在勘定である貸借対照表項目勘定（資産・負債・純資産項目勘定）と，純資産（資本）の内訳勘定である名目勘定である損益計算書項目勘定（収益・費用項目勘定）の双方を使用するものである。そして，このような網羅的で組織的な記録・計算・表示によって，複式簿記は，企業の経営状況を適正に計算表示することができる。すなわち，複式簿記は，網羅的な実在勘定としての貸借対照表項目勘定を持つことによって，貸借対照表上で期末における財政状態についての計算表示を行うと同時に，網羅的な名目勘定としての損益計算書項目勘定を持つことによって，損益計算書上で一定期間の経営成績としての利益の発生源泉についての計算表示を行うことができる。

言い換えれば，この特徴は，図１－２のように，①網羅的・体系的な帳簿記録のために，②実在勘定と名目勘定の双方の使用，③実在勘定（貸借対照表項目勘定）を持つので，財産計算が可能であると同時に，名目勘定（損益計算書項目勘定）を持つので，損益計算が簿記の体系内で可能であること，④③の結果として企業の適切な経営状況（財政状態・経営成績）を明示することができること，ということである。

図１－２　実在勘定と名目勘定の使用

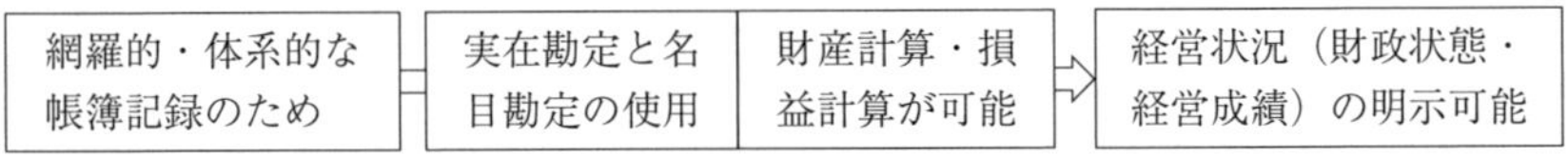

なお，ここで網羅性には，表１－10のように，二つのレベル（「二つのレベルの網羅性」）がある。すなわち，第１は，期中における個別の取引レベルでの網羅性であり，第２は，期末における財務諸表レベルでの網羅性である。

表１－10　二つのレベルの網羅性

第１レベル	期中	取引レベルでの網羅性
第２レベル	期末	財務諸表レベルでの網羅性

前者の期中における取引レベルの網羅性は，期中において発生した個別の取引の内容の表示において，網羅性の二側面が確保されていることを要求するものである。すなわち，「取引レベルの網羅性の二側面」とは，表１－11のように，取引内容を適切に示すために，必要なものはすべて取引の内容表示に入れることと，反対に取引内容を適切に示すために不必要なものはすべて排除することである。このことによって，適切な取引内容の表示が可能となり，それゆえ適切な取引管理ないし仕訳管理が行いうることとなる。と同時に，取引の信頼性をチェックするための会計監査や税務調査等に耐えうることとなる。

表１－11　取引レベルの網羅性の二側面

取引レベルの網羅性の二側面	①　取引内容を適切に示すために必要なものはすべて入れること
	②　取引内容を適切に示すために不必要なものはすべて排除すること

他方，後者の期末における「財務諸表レベルの網羅性の二面性」とは，表１－12のように，期末における財務諸表の表示において，財務諸表を適正に示

すために必要なものはすべてそれに入れることと，反対に財務諸表を適正に示すために不必要なものはすべてそこから排除することである。このことによって，財務諸表の適正な表示が可能となり，それゆえ財務諸表の信頼性をチェックするための会計監査や税務調査等に耐えられることとなる。

表1－12　財務諸表レベルの網羅性の二側面

財務諸表レベルの網羅性の二側面	①　財務諸表を適正に示すために必要なものはすべて入れること
	②　財務諸表を適正に示すために不必要なものはすべて排除すること

④　財産計算と損益計算という二重目的の計算構造

複式簿記の計算目的の側面における基本的な特徴の一つとして，（会計上の認識基準を満たした項目を基礎として）「財産計算と損益計算という二重目的の計算構造」が挙げられる。それゆえ，複式簿記は計算システムである。これは，前述のように，①二面的把握を基礎とする二面的記録及び②実在勘定と名目勘定の双方の使用を前提として初めて可能になる。すなわち，複式簿記は，網羅的な実在勘定としての貸借対照表項目勘定を持つことによって，貸借対照表上で財産計算としての期末における財政状態についての計算表示を行うと同時に，網羅的な名目勘定としての損益計算書項目勘定を持つことによって，損益計算書上で，損益計算としての一定期間の経営成績としての利益の発生源泉（収益費用）についての計算表示を行うことができる。

⑤　二重の利益計算

複式簿記の利益計算の側面における基本的な特徴の一つとして，「二重の利益計算」が挙げられる。それゆえ，複式簿記は利益計算システムである。これは，前述の取引の二面的把握と実在勘定と名目勘定の使用を前提として，損益計算書上で収益から費用を差引くことによる利益計算と，貸借対照表上で期末純資産から期首純資産を差引くことによる利益計算という二重の利益計算がなされることである。

⑥　継続記録による誘導法に基づく貸借対照表等の作成

複式簿記の貸借対照表作成の側面における基本的な特徴の一つとして，「継続記録による誘導法に基づく貸借対照表等の作成」が挙げられる。それゆえ，複式簿記は財務諸表作成システムである。周知のように，貸借対照表を作成する方法としては，表1－13のように，次の二つの方法がある。第1は，期末において実地棚卸を行い，棚卸表や財産目録を作成し，このストックを基礎として貸借対照表を作成する方法（「棚卸法」）である。この方法による場合の利益計算は，期首と期末の純財産を比較することによって利益計算を行う（「財産法」）ものである。第2は，前述の取引の発生時点における継続記録，取引の二面的把握や実在勘定と名目勘定の使用を前提として，期中における取引記録から誘導的に貸借対照表を作成する方法（「誘導法」）である。この場合の利益計算は，期中において記録された収益費用から両者の差額として利益計算する方法（「損益法」）である[18]。

表1－13　貸借対照表の作成方法等

摘　　要	静態論	動態論
貸借対照表作成方法	棚卸法	誘導法
損益計算方法	財産法	損益法

なお，ここで重要かつ本質的なことは，図1－3のように，複式簿記においては，財務諸表が期末における実地棚卸というストックを基礎として作成されるのではなく，期中における取引の組織的な継続記録を基礎として作成されるという点である。

図1－3　継続記録による誘導法に基づく貸借対照表等の作成

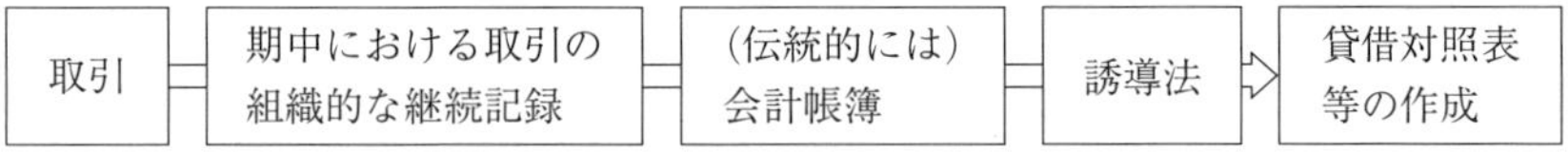

(18)　会計学辞典によれば，誘導法とは，「貸借対照表を作成する方法で，棚卸法と対比される方法をいう。すなわち，棚卸法は資産および負債の実地棚卸に基づいて貸借対照表を作成するのに対して，誘導法では複式簿記の記録を基礎として貸借対照表を作成する」（『会計学大辞典－第五版－』中央経済社，1312頁）と説明している。

貸記する)。言い換えれば，あなた方がこの店舗をひとりの人と看なして，あなた方がこれを与え，または総ゆる場合において，このために費やす金銭に対して，あなた方の債務者であると想像するのである。その反対に，あなた方がこの店舗から引出しまたは受取るものに対しては，恰かも，債務者がその債務を少しずつ返還するものと看なして，この店舗を債権者であると想像するのである（店舗勘定に貸記する）（片岡，1965，188）。」

②については，取引の相対する者との間に営業主（方）または資本主を介在させる。たとえば，商品を現金にて購入した場合，営業主（方）は現金より借，商品は営業主（方）に対して借となる。営業主（方）の貸借取引は，取引ごとに平均するため特に記帳する必要がないと説明される。営業主（方）を介在させることにより①の方法に比べて説明が容易になり，広く日本の当初の簿記書においても採用されていた。

⑵　人的一勘定系統説

人的一勘定系統説は，20世紀初頭に主張され，日本においても大正中期ごろまで普及した。すべての勘定を人格者とみなし，すべての取引をこれら人格者間における貸借関係となし，借方貸方の意義を解して，受取人借方，授与人貸方となし，この原則をすべての勘定に適用し，これをもって勘定記入を単一ないし統一の原則により説明する説である。人については，債権者・債務者，資本については資本主，としてそのまま適用できる。物については，物の保管係ないし担当者を人格視することによって，受取人＝借方，引渡人＝貸方の記帳原則の適用は可能となる。しかし損益については，そのまま適用できない。たとえばＡ（債務者）から貸付金利息を受け取った場合，その利息の引渡人であるＡは借主であるべきなのに，貸主となり，記帳原則の適用はできなくなってしまう。そこで，論者によっていろいろと解釈がなされている。受取利息という仮想の人あるいは受取利息を利息の保管人として授与人とみなしたり，受取利息を資本主の別名（代表）とみて，資本主は利息という名義（資格）にて企業に支払った（引き渡した）と解し，受取利息は貸方に記入する。つまり，損益は，企業と資本主との貸借関係と見なすのである。このことを整理すると下記の表２－１のようになるであろう。

表２－１　勘定の人的説明原則

取　　引	勘　　定			
すべての取引を貸借とみなす	人	物	資本	損益
	受取人＝借方，引渡人＝貸方の記帳原則適用	物を人格者とみなし，左記の原則を適用	資本は，資本主とみなし，左記の原則を適用	受取人＝借方，引渡人＝貸方の記帳原則の適用はできない。別の解釈を行う

（出所）筆者作成。

⑶　人的二勘定系統説

人的二勘定系統説として，最も発展し，卓越したといわれているCerboniのロジスモグラフィア（logismografia）の勘定理論がある。Cerboniが1873年，イタリアの学術会議で，公表したのが始まりとされている。とりわけイタリア王国国家および公的行政で採用された。日本では，岡田誠一（1924），畠中福一（1932），平井泰太郎（1939），黒沢清（1951），櫻井弘蔵（1953a.b）等により紹介されている。本項での説明はこれら先学者からの引用である。岡田誠一は三記式簿記法，Scheererは四勘定系統説として名称ないし分類されている。

まずすべての勘定を，次の４種類の人格者に分類するところから出発する。

⑴　企業主または資本主

⑵　管　理　人

⑶　代　理　人

⑷　取　引　先

⑶の代理人とは，その他の財産構成部分（たとえば現金，商品，有価証券）の保管の任にあたる人（＝勘定），⑷取引先は企業外部の取引先（得意先や仕入先）との取引関係を記録する人（＝勘定）を表している。⑶の代理人と⑷取引先は，何らの対立関係はないので，両者は，同じ系列として扱う。⑵の管理人は，⑴

企業主または資本主と(3)代理人および(4)取引先との中間に位置する媒介者にすぎないので，特別の記録計算は行わない。単に，開始残高および決算残高勘定を意味する。

企業主と代理人および取引先は，利害が相反する（権利義務が対立する）ので，企業主は指揮する権利を持ち，代理人および取引先はその命令を実行する義務を負う。他方，代理人および取引先は，命令の履行を承認させる権利をもち，企業主は承認する義務を負う。そこで代理人および取引先勘定（財産構成部分の勘定）と企業主の勘定（資本金および損益勘定）の二種類の勘定系統に分類し，前者は，擬人法をそのまま適用し，後者については，資本の増加＝利益の発生の場合，企業主の権利の増加として，その勘定に貸方記入し，資本の減少＝損失費用の発生の場合，企業主の権利の減少として，その勘定に借方記入する。

表２－２　企業主の勘定と代理人および取引先の勘定

企業主の勘定 A系統（財産勘定）		代理人および取引先の勘定 B系統（財産勘定）	
資産の減少	資産の増加	資産の増加	資産の減少
負債の増加	負債の減少	負債の減少	負債の増加
A bis系統（企業成果勘定）（原因別）		B bis系統（企業成果勘定）（原因別）	
純財産の減少 （損　失）	純財産の在高および増加（利　益）	純財産の在高および増加（利　益）	純財産の減少 （損　失）

（出所）　櫻井弘蔵（[1953b] 312頁，一部追加している）。

企業主勘定系統は企業主の権利義務を財産の構成部分に分類して示す。A系統では，借方・貸方が，勘定本位ではなく企業主を本位として記録する。A bis系統は，純財産の有高とその増減（出資関係と損益）の結果を生ずるところの権利義務を表す。またA系統と同じく，借方・貸方が，勘定本位ではなく企業主を本位として記録する。

代理人および取引先勘定系統は代理人および取引先の権利義務を代理人および取引先の人格別に分類して示す。B系統では，借方・貸方が，企業主本位ではなく代理人および取引先を本位として記録する。B bis系統は，純財産の有高とその増減（出資関係と損益）の結果を生ずるところの人格者別の権利義務を表す。B系統と同じく，借方・貸方が，企業主本位ではなく代理人および取引先を本位として記録する。

次に具体的な例をもってこれらのことを示すと次のようになるであろう。

（例１） 商品￥3,000を現金で購入した。

（借方）		（貸方）
Ⅰ 現　　金 3,000 （企業主勘定 A系統）	／	現金出納係 3,000 （代理人および取引先勘定 B系統）
Ⅱ 商品保管係 3,000 （代理人および取引先勘定 B系統）	／	商　　品 3,000 （企業主勘定 A系統）

企業主は，現金を支出しているが，現金出納係が義務を負担する借主ではない。企業主に不利益が生じ，現金出納係から借り入れていると考え，企業主勘定の借方に記帳される。現金出納係は企業主に対して貸となり，貸方に記入する。企業主は商品保管係に貸すと考え，貸方に記帳される。商品保管係は企業主に対して借となり，借方に記入する。企業主にこの例の場合，交換取引であるので，純財産の変動は生じないので，A bis系統・B bis系統への記帳は行われない。

（例２） 利息￥100を現金にて支払った。

（借方）		（貸方）
Ⅰ 現　　金 100 （企業主勘定 A系統）	／	現金出納係 100 （代理人および取引先勘定 B系統）
Ⅱ 支払利息 100 （企業主勘定 A bis系統）	／	現金出納係 100 （代理人および取引先勘定 B bis系統）

費用の発生は，企業主の義務の増加と考え，企業主が借記，現金を支払って，貸金を生じるので，現金出納係が貸記される。純財産の変動が生じるので，A bis系統・B bis系統への勘定に記帳される。

（Kontroll konto）で，後者は給付の流れとして収益・費用とみなされた財・用役の入と出を表示する計算勘定（Verrechnungs konto）で記録される。ここでの統制勘定は，次に述べるWalbと異なり，単に支払系統を統制するという意味で用いており，成果を計算する系統とは考えていない。これらの2つの勘定には，入＝借方，出＝貸方という記帳規則を用い複式で記録される。決算に際しては，次期以降に生ずる費用・収益は，計算的に擬制された支出・収入として自己資本とともに貸借対照表によって繰越される。以下，簡単な設例を用いて，仕訳と勘定記入を行い貸借対照表を作成すると次のようになるであろう。

［設例－ 28 頁参照］

仕　　訳

①	現　　金	（収　　入）	100	資 本 金	（給付の出）	100
②	現　　金	（収　　入）	50	借 入 金	（支　　出）	50
③	備　　品	（給付の入）	30	現　　金	（支　　出）	30
④	商　　品	（給付の入）	50	買 掛 金	（支　　出）	50
⑤	売 掛 金	（収　　入）	40	商　　品	（給付の出）	40
⑥	支払家賃	（給付の入）	2	現　　金	（支　　出）	2
⑦	支払利息	（給付の入）	3	現　　金	（支　　出）	3
⑧	給　　料	（給付の入）	5	現　　金	（支　　出）	5
⑨	商　　品	（擬制収入）	30	商品売買益	（給付の出）	30
⑩	減価償却費	（擬制収入）	24	備　　品	（給付の出）	24

勘 定 系 統

統 制 勘 定

①	100	②	50
②	50	③	30
⑤	40	④	50
⑨	30	⑥	2
⑩	24	⑦	3
		⑧	5

計 算 勘 定

③	30	①	100
④	50	⑤	40
⑥	2	⑨	30
⑦	3	⑩	24
⑧	5		

統制勘定 244 － 140 ＝計算勘定 194 － 90 ＝ 104

貸借対照表

現　　　金	110	買　掛　金	50
売　掛　金	40	借　入　金	50
商　　　品	30	資　本　金	100
備　　　品	24	純　利　益	4
	204		204

③　Walb説

この説は，Sganziniの書物が刊行されて後ほぼ20年後に発表された。簿記の対象を資本循環としてではなく，経営過程を経済価値としての給付を生み出す流れとそれに反対する支払の流れとを考える。それらを記録するために，給付系統の勘定と支払（即時又は将来の）系統の勘定を設定する。残高勘定は支払系統から，損益勘定は給付系統から，それぞれの勘定において，入は借方，出は貸方として記録集計される。いいかえると給付の入り（費用）は借方，給付の出（収益）は貸方に，支払の入り（収入）は借方，支払の出（支出）は貸方に記入される。決算時には期間損益を限定するために費用の過大記帳については戻し計算支出，収益の過大記帳については戻し計算収入，費用の過少記帳については追加計算支出，収益の過少記帳については追加計算収入を行う。そして当期の費用収益を記入する損益勘定と，支払勘定の残高と給付系統勘定の過大および過少記帳に基づく残高を記入する残高勘定が示され，両系統で同一額の損益が算出される。以下，簡単な設例を用いて，仕訳と勘定記入を行い貸借対照表を作成すると次のようになるであろう。

［設例－ 28 頁参照］

仕　　訳

①	現　　金	（支払系統－入）	100	資 本 金	（支払系統－出）	100
②	現　　金	（支払系統－入）	50	借 入 金	（支払系統－出）	50
③	備　　品	（給付系統の入）	30	現　　金	（支払系統－出）	30
④	商　　品	（給付系統の入）	50	買 掛 金	（支払系統－出）	50
⑤	売 掛 金	（支払系統の入）	40	商　　品	（給付系統の出）	40
⑥	支払家賃	（給付系統の入）	2	現　　金	（支払系統－出）	2
⑦	支払利息	（給付系統の入）	3	現　　金	（支払系統－出）	3
⑧	給　　料	（給付系統の入）	5	現　　金	（支払系統－出）	5
⑨	商　　品	（戻し計算支出）	30	商品売買益	（給付系統の出）	30
⑩	減価償却費	（戻し計算支出）	24	備　　品	（給付系統の出）	24

勘 定 系 統

支払系統勘定

①	100	①	100
②	50	②	50
⑤	40	③	30
		④	50
		⑥	2
		⑦	3
		⑧	5

給付系統勘定

③	30	⑤	40
④	50	⑨	30
⑥	2	⑩	24
⑦	3		
⑧	5		

支払系統（190 － 240）＋戻し計算支出（30 ＋ 24）＋追加計算収入（0）
－戻し計算収入（0）－追加計算支出（0）＝ 4（純利益）
給付系統 94 － 90 ＝ 4（純利益）

貸借対照表（残高勘定）

収支系列		収支系列	
現金	110	資本金	100
売掛金	40	買掛金	50
		借入金	50
戻し計算支出		戻し計算収入	−
商品	30		
備品	24		
追加計算収入	−	追加計算支出	−
		当期純利益	4
	204		204

損益計算書

売上原価	20	売上高	40
支払家賃	2		
支払利息	3		
給料	5		
減価償却費	6		
当期純利益	4		
	40		40

④　Kosiol説

20世紀半ばごろに公表された，Walb理論をさらに展開したものにKosiolの収支的勘定理論がある。Walbと同様経営過程は給付の流れとそれに対流する支払の流れに分けられる。Kosiolによると実体的な財の運動は，それに対応する貨幣の運動によって把握されなければならないとする。それゆえ，財貨の費消としての費用は，費用支出（aufwandsausgabe）として，また財貨の生成としての収益は収益収入（ertragseinnahmen）として計算を行う。期間成果計算を行うためには，収入と支出が当該期間の収益と費用とが一致させなければならない。収入と支出を戻し計算と前計算によって，修正された収入と支出計算として現れ，その成果は，計算的に擬制された貨幣価値高として，抽象的な数値が計算される。この成果計算をKosiolは，収支的成果計算（pagatorische erfolgsrechnung）と呼称する。費用・収益の実現と現金収支と，成果非作用収入と成果非作用収出とが異なる期間に生じる場合，修正・補充の記入が必要となる。

表2－4　Kosiolの勘定体系

現金		債権		債務		貯蔵		留保	
現金収入	現金支出	前収入	償還支出	償還収入	前支出	戻し収入	後支出	後収入	戻し支出

（出所）筆者作成。

図2－1　計算収支の体系

支払の性格	前計算・反対計算		戻し計算・後計算		成果への作用
純粋な 計算的過程	前収入 〔非本来的あるいは擬制的な収入〕 例，賃貸あるいは仲介からの収益をその期間に計上すること	前支出 〔非本来的あるいは擬制的な支出〕 例，未払の賃金，賃貸料，手数料並びに引当金をその期間に計上すること	後支出 例，減価償却	後収入 例，継続的在高の増加	成果作用的 計算収支
	期間決算の場合 見越項目の計上		繰越項目の後計算		
	償還支出 補償	償還収入 補償	戻し収入 補償	戻し支出 補償	
	実際の支払過程が後の期間に生ずる場合		おそくとも期間決算の際に		
実際あるいは本来的な支払過程	相殺収入 純粋な計算的反対支出と一致する場合には成果非作用的	相殺支出 純粋な計算的反対収入と一致する場合には成果非作用的	貯蔵支出 例，土地，機械，工具等	留保収入 例，前受賃貸料，手数料等	成果非作用的あるいは補修的計算収支
			後の期間へ繰越されるが故に繰延性をもつ （計算区両項目）		

（出所）　安平訳［1969］『シェーラー複式簿記の基礎理論』277頁（一部修正して引用している）。

そのために，前計算（将来の現金の見越し計算）・償還計算（前計算された収支を相殺する収支による前計算の消滅の計算）・戻し計算（現金収支の繰延計算）・後計算（戻し計算された収支の収益費用化計算）を行わなければならない。収支勘定は現金，債権，債務，貯蔵，保留という５つの勘定に分類される（表2－4参照）。Kosiolにおける戻し計算は，仕訳時に支出対価として戻し収入を行うのに対し，Walbでは決算時に行う過大記帳費用の戻し計算と異なるため，逆に表れる。Kosiolは借方に支出対価（支出でない）として戻し収入，貸方に収入対価（支出でない）として戻し支出が現れるのに対し，Walbでは，過大記帳された支出が戻し支出として借方に，過大記帳された収入が戻し収入として貸方に表れる（図2－5参照）。

以下，簡単な設例を用いて，仕訳と勘定を行うと次のようになるであろう。

［設例－28頁参照］

仕訳　（［　　］の仕訳は行われない。）

①	現　　金（現金収入）	100	資 本 金（前 支 出）	100
②	現　　金（現金収入）	50	借 入 金（前 支 出）	50
③	備　　品（戻し収入）	30	現　　金（現金支出）	30
④	商　　品（戻し収入）	50	買 掛 金（前 支 出）	50
⑤	売 掛 金（前 収 入）	40	［売　　上	40］
⑥	［支 払 家 賃	2］	現　　金（現金支出）	2
⑦	［支 払 利 息	3］	現　　金（現金支出）	3
⑧	［給　　料	5］	現　　金（現金支出）	5
⑨	［売 上 原 価	20］	商　　品（後 支 出）	20
⑩	［減価償却費	6］	備　　品（後 支 出）	6

貸借対照表（残高勘定）

収入在高 現金	110	支出在高 債務－資本金	100
債権－売掛金	40	債務－買掛金	50
		債務－借入金	50
支出対価－貯蔵		収入対価－留保	－
商品	30		
備品	24		
		当期純利益	4
	204		204

損益計算書

費用 現金支出	10	収益 現金収入	－
前支出	－	前収入	40
後支出		後収入	－
売上原価	20		
減価償却費	6		
償還支出	－	償還収入	－
収益の減少	－	費用の減少	－
当期純利益	4		
	40		40

現金＝現金収入－現金支出＝150 － 40 ＝ 110
債権＝前収入－償還支出＝40 － 0 ＝ 40
債務＝前支出－償還収入＝200（100 ＋ 50 ＋ 50）－ 0 ＝ 200
貯蔵＝戻し収入－後支出＝80（30 ＋ 50）－ 26（20 ＋ 6）＝ 54
留保＝戻し支出－後収入（設例に該当項目なし）

⑤　Nicklisch説

20世紀初頭，Berlinerの物的一勘定系統説とHügliおよびSchärの資本等式による物的二勘定系統説との間で論争がなされている間に，貸借対照表等式を出発点とする物的二勘定系統説がNicklischによって主張された。貸借対照表等式を出発点とするため貸借対照表学説と称されることもあり，日本の簿記書においてもSchärの資本等式説とともにしばしば取り上げられている。貸借対照表と財産目録からなる定期的簿記においては，貸借対照表が，その構成要素の一要素である。定期的簿記は，継続的簿記によって補充される。継続的簿記は，貸借対照表から派生する勘定，つまり財産在高勘定と資本在高勘定とを対立した勘定して記帳がなされている。それゆえ，簿記をもって貸借対照表による継続記録と考え，その貸借対照表を勘定理論の出発点とする。つまり開業貸借対照表に見られる，積極財産＝消極財産（負債・他人資本）＋資本（自己資本）の貸借対照表等式から始める。積極系統の勘定（財産勘定）は，借方増加，貸方減少と記入され，消極勘定（資本勘定）の記入はその正反対に記入される。

損益について，この説では，貸借対照表から出発する，いいかえると損益勘定を権利・用役を表す在高勘定から始めなければならない。損益勘定を給付の受取，給付の引渡と見るのである。給付がただちに消費された場合，決算時に貸借対照表等式を維持するため，費用損失項目は，積極系統の勘定として，利益項目は消極系統の勘定として処理するのである。以下，簡単な設例を用いて，仕訳と勘定記入を行い貸借対照表と損益計算書を作成すると次のようになるであろう。

［設例－28頁参照］

仕　　訳

①	現　　金（財　　産）	100	資　本　金（自己資本）	100
②	現　　金（財　　産）	50	借　入　金（他人資本）	50
③	備　　品（財　　産）	30	現　　金（財　　産）	30
④	商　　品（財　　産）	50	買　掛　金（他人資本）	50
⑤	売　掛　金（財　　産）	40	商　　品（財　　産）	40
⑥	家屋利用権（財　　産）	2	現　　金（財　　産）	2
⑦	資本利用権（財　　産）	3	現　　金（財　　産）	3
⑧	労働用役（財　　産）	5	現　　金（財　　産）	5
⑥'	支払家賃（自己資本）	2	家屋利用権（財　　産）	2
⑦'	支払利息（自己資本）	3	資本利用権（財　　産）	3
⑧'	給　　料（自己資本）	5	労働用役（財　　産）	5
⑨	商　　品（財　　産）	20	商品売買益（自己資本）	20
⑩	減価償却費（自己資本）	6	備　　品（財　　産）	6

勘定系統

財産勘定

①	100	③	30
②	50	⑤	40
③	30	⑥	2
④	50	⑦	3
⑤	40	⑧	5
⑥	2	⑥'	2
⑦	3	⑦'	3
⑧	5	⑧'	5
⑨	20	⑩	6

資本系統勘定

⑥'	2	①	100
⑦'	3	②	50
⑧'	5	④	50
⑩	6	⑨	20

財産（300 － 96）＝資本（220 － 16）＝ 204
純利益＝ 204 － 100（①）－ 50（①）－ 50（④）＝ 4

貸借対照表

現　　金	110	買 掛 金	50
売 掛 金	40	借 入 金	50
商　　品	30	資 本 金	100
備　　品	24	純 利 益	4
	204		204

⑥　Käfer説

20世紀半ばKäferは，役務給付（用役）を前面に考慮した説を主張した。彼は，簿記を個別経済における財・給付（用役）に関する過去の状態および変動を貨幣にて測定された価値計算ととらえる。その計算単位として勘定が用いられ，勘定の種類，勘定間の関係，その貸借の記入原則について述べている。近代の会計実践に適合する勘定として，資産・持分・用役・費用・収益の５勘定系統を用いるが，資産・負債・資本からなる財・用役勘定と費用・収益の二勘定系統として二つの記帳原則を用いて区別する。本稿では，この意味で，二勘定系統説として分類している。貨幣以外の財（資産）は，「企業目的の手段であるからサービス・ポテンシャルズ，すなわち，費用を追加することなしに会計実体の目的を促進せしめるであろう将来の用役の源泉（Käfer, 1966, 46, 安平訳, 1969, 91）」として，また資本は，「所有主，株主等，あるいはより一般的には，その利益を増進させることが企業の目的であるところの人々に対する，（相殺される見返りをもたない）将来の出（Käfer, 1966, 49, 安平訳, 1969, 97）」と定義している。負債は「（相殺される見返りをもたない）将来の出（Käfer, 1966, 49, 安平訳, 1969, 98）」として資本と同じ性質を持つとして，持分として将来の入りとしての資産と対立される。これらの資産・持分は将来の用役の入りと出を表すが，現在の入りと出については別に用役勘定を設定する。これらの勘定には，統一した記入原則が用いられる。すなわち，用役の現在の入り，用役の将来の入り－資産－の増加，用役の将来の出－持分－の減少は借方，用役の現在の出，用役の将来の出－持分－の増加，用役の将来の出－資産－の減少は貸方に記入される。

企業の資産・持分・用役の変動をもたらす事象を取引と呼ぶ。そして交換取引と損益取引に分類する。前者は，資産・持分・用役の諸勘定のうち，二つの勘定を同額だけ変化させる取引のことをいうが，後者は資産・持分・用役の諸勘定のうち，一方は明らかな変動がみられるが，他方の取引結果がその発生時に不明確か存在しない場合に生じる取引のことをいう。Käferは「費用とは，等価の入の知られない，または確かめられない（現在のまたは将来の）出であり，収益とは，等価の出の知られないまたは確かめられない（現在のまたは将来の）入である（Käfer, 1966, 59, 安平訳, 1969, 115 − 116）」と定義している。費用は財または用役の一方的な出であり，収益はその一方的な入である。しかし一方的な出と入の記帳では，複式記入にならない。それゆえ，確認される出と入が記帳される資産・持分・用役の諸勘定に対して反対記帳する別の勘定を追加する必要が生じる。この複式記入のために追加する勘定が費用勘定・収益勘定となる。費用勘定・収益勘定は費用・収益そのものを示さず，次に示しているように資産・持分・用役の在高勘定に対する反対の勘定を意味する。

収益勘定＝資産・持分・用役勘定の価値の入（借方）に対する反対勘定（貸方）

費用勘定＝資産・持分・用役勘定の価値の出（貸方）に対する反対勘定（借方）

以下，簡単な設例を用いて，仕訳と勘定を行うと次のようになるであろう。

［設例 − 28頁参照］

①	現　　金（資　　産）	100	資 本 金（持　　分）	100
②	現　　金（資　　産）	50	借 入 金（持　　分）	50
③	備　　品（資　　産）	30	現　　金（資　　産）	30
④	仕　　入（費　　用）	50	買 掛 金（持　　分）	50
⑤	売 掛 金（資　　産）	40	売　　上（収　　益）	40
⑥	家屋利用権（用　　役）	2	現　　金（資　　産）	2
⑦	資本利用権（用　　役）	3	現　　金（資　　産）	3
⑧	労働用役（用　　役）	5	現　　金（資　　産）	5
⑥	支払家賃（費　　用）	2	家屋利用権（用　　役）	2
⑦	支払利息（費　　用）	3	資本利用権（用　　役）	3
⑧	給　　料（費　　用）	5	労働用役（用　　役）	5
⑨	商　　品（資　　産）	30	仕　　入（費　　用）	30
⑩	減価償却費（費　　用）	6	備　　品（資　　産）	6

第3章　因果的複式簿記と分類的複式簿記

－収益費用アプローチから資産負債アプローチへの会計観の変更の観点から－

Ⅰ　はじめに

米国の財務会計基準審議会（FASB）は1976年12月に討議資料『財務会計および財務報告のための概念フレームワークに係わる問題の検討：財務諸表の構成要素およびそれらの測定』（FASB［1976］）を公表し，そこにおいて，会計観（利益観）として財務諸表の連携を前提とする資産負債アプローチと収益費用アプローチの2つと，かかる連携を前提としない非連携アプローチを取り上げ，それぞれについて詳細な検討を行っていた。

そしてそれを受けて，FASBは1978年から1985年にかけて6つの財務会計概念書（SFACs）を公表し，そこにおいて収益費用アプローチから資産負債アプローチへの会計観の変更が図られていたのである。

そこで，本章においては，かかる会計観の変更によりその背後にある複式簿記システムにいかなる変容が生じることになったのかということを解明するという問題意識のもとに，まず収益費用アプローチおよび資産負債アプローチにおける利益測定モデルおよび利益計算構造について考察することにする。次に，収益費用アプローチにおける複式簿記システムおよび資産負債アプローチにおける複式簿記システムについて検討することにより，会計観の変更による複式簿記システムの変容について明らかにすることにする。なお，ここにおいては，その複式簿記システムの検討にあたり，井尻［1976］における因果的複式簿記および分類的複式簿記に関する所説を援用することにする。

Ⅱ　収益費用アプローチおよび資産負債アプローチにおける利益測定モデル

FASBは，1976年討議資料において，資産負債アプローチと収益費用アプローチをそれぞれ次のように説明している。

資産負債アプローチにおいては，一定期間における営利企業の正味資源の増加測定値を利益とみなしており，一義的には，利益を資産・負債の増減額として定義している。したがって，利益の積極要素－収益－は当該期間における資産の増加および負債の減少として定義され，利益の消極要素－費用－は当該期間における資産の減少および負債の増加として定義される。すなわち，資産および負債－企業の経済的資源および将来他の実体（個人を含む）に資源を引き渡す企業の義務の財務的表現－が当該アプローチの鍵概念となる。そしてそのことから，資産・負債の属性および当該属性の変動を測定することが，財務会計における基本的な測定プロセスとみなされる。その結果，その他の財務諸表構成要素－所有主持分または資本，利益，収益，費用，利得，損失－のすべてが，資産・負債の属性測定値の差額または属性測定値の変動額として測定されることになるとしている（FASB［1976］par. 34）(1)。

一方，収益費用アプローチにおいては，アウトプットを獲得しそれを利益を得て販売することを目的としてインプットを活用する企業の活動成果の測定値を利益とみなしており，一義的には，利益を一定期間の収益・費用差額と定義している。すなわち，収益および費用－企業の利益稼得活動におけるアウトプットおよびインプットの財務的表現－が当該アプローチの鍵概念となる（FASB［1976］par. 38）。そしてそのことから，収益・費用を測定すること，ならびに一定期間における努力（費用）と成果（収益）を関連づけるために収

(1)　ただし，正味資産（所有主持分または資本）の増減のすべてが必ずしも利益となるわけではない。例えば，資本拠出，資本引出，過年度損益修正は一定期間における資本の増減をもたらすが当該期間の利益にはならない（FASB［1976］par. 36）。

益・費用認識の時点調整を行うことが，財務会計における基本的な測定プロセスとみなされる（FASB［1976］par. 39）。その結果，資産・負債の測定は，一般的には，利益測定プロセスの必要性によって規定されるのであり，当該アプローチに基づく貸借対照表は，企業の経済的資源あるいは他の実体に資源を引き渡す義務を表さない項目を資産・負債またはその他の要素として記載することがあるとしている（FASB［1976］par. 42）。

したがって，資産負債アプローチにおいては，基本的思考として財貨動態が想定されていることになる。そのことから，取引の認識・測定にあたっては，まず認識対象として個別財貨の数量的変動が把握され，そしてその後に利益計算の観点からそれを共通尺度たる貨幣に変換するという認識・測定構造を有しているといえる。言い換えると，ここにおいては財貨数量の変動のみならず測定属性の変動も取引として認識されることになるため，取引が資産・負債の属性測定値の変動に基づいて連続的に把握されることになると共に，すべての財貨を共通尺度たる貨幣に変換するという過程すなわち評価過程が必要となる。そこで，測定属性の選択問題が生じることになるが，ここにおいては，測定属性として将来キャッシュ・フローの現在価値が想定されていると思われるのである（高須［1998］246 － 247 頁）(2)。

一方，収益費用アプローチにおいては，基本的思考として貨幣動態が想定されていることになる。そのことから，取引の認識・測定にあたっては，認識対象として現金の数量的変動（現金収支）が把握されると同時にそれによって測定が行われるという認識・測定構造を有しているといえる。言い換えると，ここにおいては認識と測定を切り離すことができず，評価の問題は生じないのである。したがって，ここにおいては，その測定属性として個別取引の取引時点における取得原価が採用されることになる。しかしその一方で，現金数量の変

(2)　なお，FASB は，SFAC 第 5 号において測定属性として歴史的原価，現在原価，現在市場価値，正味実現可能価額および将来キャッシュ・フローの現在価値という 5 つの属性を列挙し，そこからの選択適用を認めていた（FASB［1984］pars. 67 and 70）。

動のみが取引として認識されることから，また，現金収支の有している特性すなわち現金支出（現金収入）は現金収入（現金支出）によって解消されるという特性から，取引が資産・負債（現金数量）の変動に基づいて非連続的に把握されることになる。そのために，資金の投下過程から回収過程への変換点（特異点）の認識が必要になる。しかも，ここにおいては取引の時点制約性が存在しないことから，利益計算において見越・繰延の操作を行うことによって過去の現金収支および将来の現金収支を無限定に操作することが可能となる。そのことから，収益費用アプローチにおいては，かかる操作性（恣意性）を排除するために収益および費用の認識基準として実現原則（収益）および対応原則（費用）の採用が行われているのである（高須［1998］247 － 248 頁）。

そこで，上記の検討結果に基づいて収益費用アプローチおよび資産負債アプローチの認識・測定構造を図示すると，図３－１のようになる（高須［2005］3 頁）。

図３－１　収益費用アプローチおよび資産負債アプローチの認識・測定構造

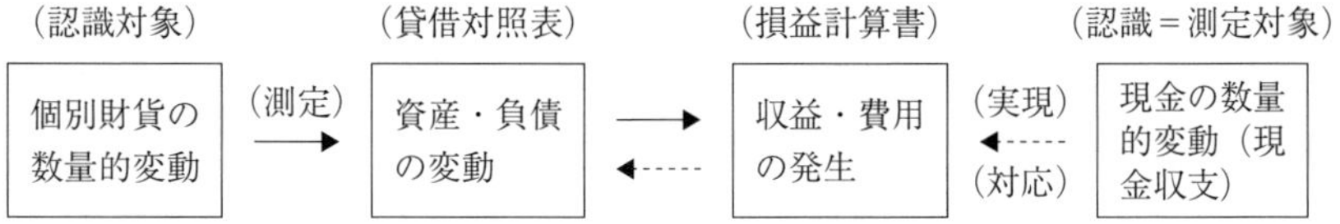

備考：──▶ は資産負債アプローチにおける，◀----- は収益費用アプローチにおける認識・測定構造を示している。

Ⅲ　収益費用アプローチおよび資産負債アプローチにおける利益計算構造

1　収益費用アプローチにおける利益計算構造

収益費用アプローチにおける利益計算は，まず過去，現在および将来の収入を「実現原則」に基づいて収益として認識すると共に，その後に「対応原則」に基づいてかかる収益を稼得するために行われた過去，現在および将来の支出

たは記述にもとづいているという場合である。われわれは，このタイプの複式記入を『分類的複式簿記』とよぶ。たとえば，複式簿記システムを教える際に，資産＝請求権という基本等式から出発し，両者は同じ財産の集合を，一方は資産の種類にもとづいて，また他方はそれにたいする請求権にもとづいて，それぞれ分類したものであるから等式がなりたつのだと説明することが多いが，これはこのタイプの複式簿記を意味するのである。

複式簿記のもうひとつのケースは，『因果的複式簿記』とよばれるものである。この場合には，増分（借方）の価額が減分（貸方）の価額に等しいと置かれて，たとえば『(借方）棚卸資産 100 ドル，（貸方）現金 100 ドル』のように記録される。ここでは，同じ財がふたつの観点から分類されたのではない。この記入には明らかに，現金と棚卸資産というふたつのちがった財が含まれている。両者が結合されたのは，この増分と減分の間にある因果関係によるのである」（井尻［1976］121 頁）としている。

そこで，この因果的複式簿記および分類的複式簿記における仕訳について設例（[取引事例 1]）を用いて明らかにすることにする（高須［2012a］5 － 6 頁）。

［取引事例 1］
① 商品 10 個を購入して，現金 3,000 円を支払った。
② 上記の商品 10 個を販売して，現金 4,000 円を受け取った。

まず，この［取引事例 1］を因果的複式簿記により仕訳すると，次のようになる(6)。

「仕訳」

①	（借方）商　品	3,000	（貸方）現　金	3,000
②	（借方）現　金	3,000	（貸方）商　品	3,000
	（借方）現　金	1,000	（貸方）収益（販売益）	1,000

(6) 井尻［1968］は，損失を増分が空集合の場合の交換，収益を減分が空集合の場合の交換として説明している（井尻［1968］116 頁）。

次に，この［取引事例1］を分類的複式簿記により仕訳すると，次のようになる(7)。

［仕訳］

①	（借方）商　　品	3,000	（貸方）資本（収益）	3,000
	（借方）資本（費用）	3,000	（貸方）現　　金	3,000
②	（借方）現　　金	4,000	（貸方）資本（収益）	4,000
	（借方）資本（費用）	3,000	（貸方）商　　品	3,000

2　収益費用アプローチおよび資産負債アプローチにおける複式簿記システム

FASBは，1976年討議資料において，収益費用アプローチおよび資産負債アプローチを共に連携財務諸表を前提とする利益測定アプローチと捉えており（FASB［1976］par.33），しかも複式記入発生主義会計は連携を定式化したものである（FASB［1976］par.82）と述べている。そこで，ここにおいては，収益費用アプローチおよび資産負債アプローチにおける複式簿記システムについて検討することにする。

(1)　収益費用アプローチにおける仕訳システム

収益費用アプローチにおいては，貨幣動態が想定されていることから，現金数量の変動（現金収支）に基づいて一次認識（原初取引仕訳）が行われると共に，その場合に，現金数量の変動に依拠してその記入が行われる反対項目の測定もその現金収支額に基づいて行われることになる。そしてその後に，二次認識（決算仕訳）において収益・費用の測定および一定期間における努力（費用）と成果（収益）を関連づけるための収益・費用認識の時点調整が行われる（FASB［1976］par.39）ことになる。

そこで，収益費用アプローチにおける仕訳について，それを因果的複式簿記

(7)　ここにおいては，井尻［1976］において例示されている資産＝請求権という基本等式に基づいて分類的に仕訳が行われている。

を想定した場合と分類的複式簿記を想定した場合とに分けて，設例（[取引事例2]）を用いて明らかにすることにする（高須［2012a］10 − 12 頁；高須［2012b］29 頁）。

> [取引事例 2]
> ①　商品 10 個を購入して，現金 3,000 円を支払った。
> ②　上記の商品 6 個を販売して，現金 2,400 円を受け取った。
> ③　決算日に，上記の商品 4 個を在庫していた。

まず，この［取引事例 2］を収益費用アプローチに基づき因果的複式簿記により仕訳すると，次のようになる。

[仕訳]

①	（借方）	商品（支出）	3,000	（貸方）	現金	3,000
②	（借方）	現金	2,400	（貸方）	商品（収入）	2,400
③	（借方）	商品（収入）	2,400	（貸方）	収益	2,400
	（借方）	費用	1,800	（貸方）	商品（支出）	1,800

そして，この仕訳においては，原初取引にあたり認識対象である現金数量の変動に基づいて相手勘定の記帳が行われており，そしてその後に，決算仕訳として利益計算の観点からその修正計算が行われているのである。しかも，ここにおいては，「商品（支出）」勘定は「商品に投下された現金支出」を，「商品（収入）」勘定は「商品から回収された現金収入」を表しており，そこでは因果的に仕訳が行われているのである。

次に，この［取引事例 2］を収益費用アプローチに基づき分類的複式簿記により仕訳すると，次のようになる。

[仕訳]

①	（借方）	支出（費用）	3,000	（貸方）	現金	3,000
②	（借方）	現金	2,400	（貸方）	収入（収益）	2,400
③	（借方）	商品（支出）	1,200	（貸方）	支出（費用）	1,200

しかし，この分類的複式簿記における原初取引仕訳（①および②）については「現金勘定」と「現金収支勘定」により分類的に仕訳が行われているのであ

るが，決算仕訳（③）は，「現金収支勘定」を「損益勘定」に修正するための仕訳であり，ここにおいては「現金勘定」と「現金収支勘定」により分類的に仕訳が行われているのではない。すなわち，ここでは分類的複式簿記が貫徹されてはいないのである。

したがって，収益費用アプローチにおいては，分類的複式簿記よりも因果的複式簿記の方が適合しており，そのことから収益費用アプローチにおいては因果的複式簿記が採用されることになるといえる。

⑵ 資産負債アプローチにおける仕訳システム

資産負債アプローチにおいては，財貨動態が想定されていることから，個別財貨の数量的変動に基づいてまず認識が行われ，その後，利益計算の観点から共通尺度たる貨幣に変換されることになる。したがって，ここにおいては財貨数量の変動のみならず測定属性の変動も取引として一次認識（原初取引仕訳および修正仕訳）されることになると共に，利益計算の観点から二次認識（決算仕訳）として見越・繰延の手続を行う必要はないのである。しかも，資産負債アプローチにおいては，収益が当該期間における資産の増加および負債の減少に基づいて，また，費用が当該期間における資産の減少および負債の増加に基づいて定義されていると共に，資産・負債の属性および当該属性の変動を測定することが基本的な測定プロセスとみなされている（FASB［1976］par. 34）。

そこで，資産負債アプローチにおける仕訳について，それを因果的複式簿記を想定した場合と分類的複式簿記を想定した場合とに分けて，設例（［取引事例2］）を用いて明らかにすることにする（高須［2012a］12－13頁；高須［2012b］30頁）。

> ［取引事例2］
> ① 商品10個を購入して，現金3,000円を支払った。
> ② 上記の商品6個を販売して，現金2,400円を受け取った。
> ③ 決算日に，上記の商品4個を在庫していた。

まず，この［取引事例2］を資産負債アプローチに基づく因果的複式簿記に

することになるのである。

[取引仕訳]（貨幣数量による表記）

（借方）勘　定　A	$Q_1 \times P_1$	（貸方）収　　益	M_1
（借方）費　　用	M_2	（貸方）勘　定　B	$Q_2 \times P_2$

したがって，ここにおいては，「資産および負債の系列」については財貨数量（Q）×価格（P）という属性を失うことはなく，その一方で，「収益および費用の系列」についてはもともとそれとは異なり，貨幣数量（M）という属性で表されているということが明らかになる。そしてこのことは，測定属性の変動に基づく原初取引仕訳の修正を行う修正仕訳についても妥当するのである。それを示したのが，次の仕訳である。

[取引仕訳]（修正仕訳）

（借方）勘　定　A	$Q_1 \times (P_1' - P_1)$	（貸方）収　　益	M_4

しかも，資産負債アプローチにおいて分類的複式簿記が適用される場合には，「資産および負債の変動」が自動的に「収益および費用の発生」として認識されることから，「資産および負債の系列」と「収益および費用の系列」においてそれぞれ独立に利益計算が行われることになる。すなわち，ここにおいては，「二面記録」も「二重利益計算」も実質的には形骸化されることになるのである。

3　会計観の変更による複式簿記システムの変容

収益費用アプローチから資産負債アプローチへの会計観の変更により，そこにおいて採用される複式簿記システムは因果的複式簿記から分類的複式簿記に変更されることになることが明らかになった。それでは，このことにより複式簿記システムにどのような変容が生じることになるのであろうか。そのことを，[取引事例2] における仕訳を用いて明らかにすることにする。このとき，[取引事例2] に基づく収益費用アプローチ（因果的複式簿記）による仕訳と資産負債アプローチ（分類的複式簿記）による仕訳を比較すると，それらは異なる仕訳となっている。

しかし，［取引事例 2］における収益費用アプローチ（因果的複式簿記）による仕訳を，商品売買取引について総記法に基づく表示から分記法に基づく表示に修正すると，次のような仕訳になる。

［仕訳］

①	（借方）	商品（支出）	3,000	（貸方）	現金	3,000
②	（借方）	現金	2,400	（貸方）	商品（支出）	1,800
					収益（販売益）	600
③	（仕訳なし）					

また，［取引事例 2］における資産負債アプローチ（分類的複式簿記）による仕訳を，収益および費用について総額法に基づく表示から純額法に基づく表示に修正すると，次のような仕訳になる。

［仕訳］

①	（借方）	商品	3,000	（貸方）	現金	3,000
②	（借方）	現金	2,400	（貸方）	商品	1,800
					収益（販売益）	600
③	（仕訳なし）					

このことから，会計観の変更により因果的複式簿記（収益費用アプローチ）から分類的複式簿記（資産負債アプローチ）に変更が行われたとしても，その仕訳システムに大きな変容をもたらすことはないといえる。

しかし，その一方で，因果的複式簿記（収益費用アプローチ）においては，すべての勘定が財貨数量（Q）×価格（P）という属性を失い，貨幣数量（M）という属性によって表されることになるのに対して，分類的複式簿記（資産負債アプローチ）においては，「収益および費用の系列」については貨幣数量（M）という属性によって表されるのであるが，「資産および負債の系列」については財貨数量（Q）×価格（P）という属性によって表されることになるのである。すなわち，因果的複式簿記（収益費用アプローチ）においては，価格（P）の変動を取引として認識することができないのに対して，分類的複式簿記（資産負債アプローチ）においては，測定属性の変動を価格（P）の変動を通じて取引として認識することが可能な複式簿記システムとなっているといえる。

Ⅵ　おわりに

本章においては，収益費用アプローチから資産負債アプローチへの会計観の変更により，その背後にある複式簿記システムにいかなる変容が生じることになったのかということを解明するという問題意識のもとに，まず収益費用アプローチおよび資産負債アプローチにおける利益測定モデルおよび利益計算構造について考察してきた。次に，収益費用アプローチにおける複式簿記システムおよび資産負債アプローチにおける複式簿記システムについて，井尻［1976］における因果的複式簿記および分類的複式簿記に関する所説を援用して検討することにより，会計観の変更による複式簿記システムの変容について明らかにしてきた。

その結果，複式簿記システムとして収益費用アプローチにおいては因果的複式簿記が，資産負債アプローチにおいては分類的複式簿記が採用されること，しかし，かかる会計観の変更により因果的複式簿記（収益費用アプローチ）から分類的複式簿記（資産負債アプローチ）に変更が行われるとしても，その仕訳システムに大きな変容をもたらすことがないことが明らかになった。

その一方で，因果的複式簿記（収益費用アプローチ）においては，すべての勘定が貨幣数量という属性によって表されることになるのに対して，分類的複式簿記（資産負債アプローチ）においては，「収益および費用の系列」については貨幣数量という属性によって表されるのであるが，「資産および負債の系列」については財貨数量×価格という属性によって表されることになり，そのことから，因果的複式簿記（収益費用アプローチ）においては，価格の変動を取引として認識することができないのに対して，分類的複式簿記（資産負債アプローチ）においては，測定属性の変動を価格の変動を通じて取引として認識することが可能な複式簿記システムであることが明らかになった。

しかも，分類的複式簿記（資産負債アプローチ）においては，「資産および負債の系列」と「収益および費用の系列」においてそれぞれ独立に利益計算が行われることから，ここにおいては「二面記録」も「二重利益計算」も実質的には形骸化されることになる。そしてこのことは，現在の会計ソフトにおいて現実のものとなっているのである。

（参考文献）

FASB［1976］*An Analysis of Issues Related to Conceptual Framework for Financial Accounting and Reporting : Elements of Financial Statements and Their Measurement*, FASB Discussion Memorandum, FASB.（津守常弘監訳『FASB財務会計の概念フレームワーク』中央経済社，1997年）

FASB［1984］*Recognition and Measurement in Financial Statements of Business Enterprises*, Statement of Financial Accounting Concepts No.5, FASB.（平松一夫・広瀬義州訳『FASB財務会計の諸概念〔増補版〕』中央経済社，2002年）

井尻雄士［1968］『会計測定の基礎－数学的・経済学的・行動学的探求－』東洋経済新報社。

井尻雄士［1976］『会計測定の理論』東洋経済新報社。

上野清貴編［2019］『簿記の理論学説と計算構造』中央経済社。

高須教夫［1998］「FASB概念フレームワークにおける利益概念の錯綜－包括利益と稼得利益－」山地秀俊編『原価主義と時価主義』神戸大学経済経営研究所，1998年，243－260頁。

高須教夫［2003］「FASB概念フレームワークとキャッシュ・フロー計算書」『商大論集』（神戸商科大学）第54巻第3・4号，121－136頁。

高須教夫［2005］「会計観の変更と財産管理機能の変質」『研究資料』（兵庫県立大学）第193号，1－11頁。

高須教夫［2011a］「複式簿記とキャッシュ・フロー計算書－因果的簿記と分類的簿記－」『日本簿記学会年報』第26号，37－47頁。

高須教夫［2011b］「資産負債アプローチと会計計算構造－会計観の変更と複式簿記システムの変容－」日本会計研究学会特別委員会（委員長　藤井秀樹）『会計基準の国際統合と財務報告の基礎概念〔中間報告〕』日本会計研究学会，2011年，27－37頁。

高須教夫［2012a］「会計機能の変遷と複式簿記の変容」『財務会計研究』第6号，1－18頁。

高須教夫［2012b］「収益費用アプローチから資産負債アプローチへの会計観の変更と複式簿記システムの変容」日本会計研究学会特別委員会（委員長　藤井秀樹）『会計基準の国際統合と財務報告の基礎概念〔最終報告〕』日本会計研究学会，2012年，

23 － 36 頁。
高須教夫［2014］「会計観の転換と複式簿記」藤井秀樹編『国際財務報告の基礎概念』中央経済社，2014 年，45 － 64 頁。
高須教夫［2018］「複式簿記システムの変容－情報処理システムとしての複式簿記の単式簿記化－」『日本簿記学会年報』第 33 号，68 － 70 頁。
高須教夫［2019］「因果的複式簿記と分類的複式簿記－収益費用アプローチおよび資産負債アプローチの観点から－」（日本簿記学会第 4 回簿記研究コンファレンス（2019 年 12 月 7 日・関西大学）レジュメ）。

（高須教夫）

第4章　帳簿の電子化と複式簿記の役割

Ⅰ　はじめに

本章では，まず複式簿記における元帳や仕訳帳が，電子化社会の到来により，どのようなアプローチで電子化され今日に至っているかについて概観する。コンピュータの性能が低く，処理速度が十分でなかった当初，入力画面上は仕訳帳に入力しているようでも，実際には勘定科目に直接記録するといった元帳データベース・アプローチによって構築された会計システムが存在していた。その後，コンピュータの処理能力が向上するにつれ，次第に仕訳帳データベース・アプローチで会計システムが構築されるようになった。さらには，仕訳データのみならず営業活動にかかわる情報のすべてを，時系列的に記録していく大福帳型データベースを基礎としたERPシステムが登場し，隆盛するようになった。

大福帳型データベースがもてはやされたことの理由としては，集約されアウトプットされた情報から元の生のデータへとドリルダウンできることにあった。そしてこのようなドリルダウンが実現でき，仕訳帳や元帳を含むさまざまな帳票類や，最終的なアウトプットである財務諸表を記述するためのデータ標準としてXBRLが登場したといえるだろう。

続いて，仕訳データと元帳データの同質性について，アーサー・ケイリーの複式簿記の絶対性と，データベース理論におけるANSI／X3／SPARCの3層スキーマの観点から論じる。この2つの観点から見えてくるのは，元帳や仕訳帳といった帳簿の様式は，実際の会計システムに構築されているデータベース上にはもはや存在しておらず，その一方で，表示上の様式として，現在も連綿と存在し続けているということである。物理的な意味での元帳や仕訳帳は消えていくかもしれないが，ある種の表現論理としての複式簿記の様式は，今後も残り続けていくであろう。その意味で，複式簿記の役割は，形は変わるが，その存在意義は失われることはない。

Ⅱ　帳簿の電子化の変遷

1　会計データベースの２つのアプローチ

パソコンを使った会計パッケージが登場した当初（1980年代），会計データを格納するデータベースの設計には２つのアプローチが存在していた（坂上 2020，p.25）。一つは，勘定科目ごとにデータを格納するデータベースを基本とするもので，ここでは「元帳データベース・アプローチ」と呼ぶことにする。もう一つは，仕訳データを格納するデータベースを基本とするもので，ここでは「仕訳帳データベース・アプローチ」と呼ぶことにする。

元帳データベース・アプローチでは，取引データを入力する際，ディスプレイ上には仕訳帳を模したデザインの入力画面が表示され，仕訳帳データベースに記録しているかのように見えるものの，実際には元帳データベースの各勘定に直接記入していくという方法を採用していた。仕訳帳にいったん記録し，それを元帳に転記するのではなく，総勘定元帳に直接記録していくというイメージである。

たとえば「商品100円を売り上げ，代金は掛けとした」といった取引が発生した場合，画面上では「売掛金　100／売上　100」と仕訳を入力しているように見せてはいるが，実際には「売掛金」という勘定科目の借方に，相手勘定科目として「売掛金」，金額として「100円」を記録すると同時に，「売上」という勘定科目の貸方に，相手勘定科目として「売上」，金額として「100円」を記録していくことになる（図４－１）。

郵 便 は が き

料金受取人払郵便

落合局承認

4302

差出有効期間
2022年８月31日
（期限後は切手を
おはりください）

161－8780

東京都新宿区下落合2-5-13

㈱ 税務経理協会

社長室行

お名前	フリガナ		性別	男 ・ 女
			年齢	歳
ご住所	□□□-□□□□	TEL （ ）		
E-mail				
ご職業	1．会社経営者・役員 2．会社員 3．教員 4．公務員 5．自営業 6．自由業 7．学生 8．主婦 9．無職 10．公認会計士 11．税理士 12．行政書士 13．弁護士 14．社労士 15．その他（ ）			
ご勤務先・学校名				
部署		役職		

ご記入の感想等は，匿名で書籍のＰＲ等に使用させていただくことがございます。
使用許可をいただけない場合は，右の□内にレをご記入ください。 □許可しない

ご購入ありがとうございました。ぜひ、ご意見・ご感想などをお聞かせください。
また、正誤表やリコール情報等をお送りさせて頂く場合もございますので、
E-mail アドレスとご購入書名をご記入ください。

この本のタイトル	

Q1 お買い上げ日　　　　年　　月　　日

ご購入方法　1．書店·ネット書店で購入（書店名　　　　　　）
2．当社から直接購入　　3．その他（　　　　　　）

Q2 本書のご購入になった動機はなんですか？（複数回答可）
1．タイトルにひかれたから　　2．内容にひかれたから
3．店頭で目立っていたから　　4．著者のファンだから
5．新聞・雑誌で紹介されていたから（誌名　　　　　　）
6．人から薦められたから　　7．その他（　　　　　　）

Q3 本書をお読み頂いてのご意見・ご感想をお聞かせください。

Q4 ご興味のある分野をお聞かせください。
1．税務　　2．会計・経理　　3．経営・マーケティング
4．経済・金融　　5．株式・資産運用　　6．法律・法務
7．情報·コンピュータ　　8．その他（　　　　　　）

Q5 カバーやデザイン、値段についてお聞かせください

①タイトル	1良い	2目立つ	3普通	4悪い
②カバーデザイン	1良い	2目立つ	3普通	4悪い
③本文レイアウト	1良い	2目立つ	3普通	4悪い
④値段	1安い	2普通	3高い	

Q6 今後、どのようなテーマ・内容の本をお読みになりたいですか？

ご回答いただいた情報は、弊社発売の刊行物やサービスのご案内と今後の出版企画立案の参考のみに使用し、他のいかなる目的にも利用いたしません。なお、皆様より頂いた個人情報は、弊社のプライバシーポリシーに則り細心の注意を払い管理し、第三者への提供、開示等は一切いたしません。

図 4 － 1　元帳データベース・アプローチ

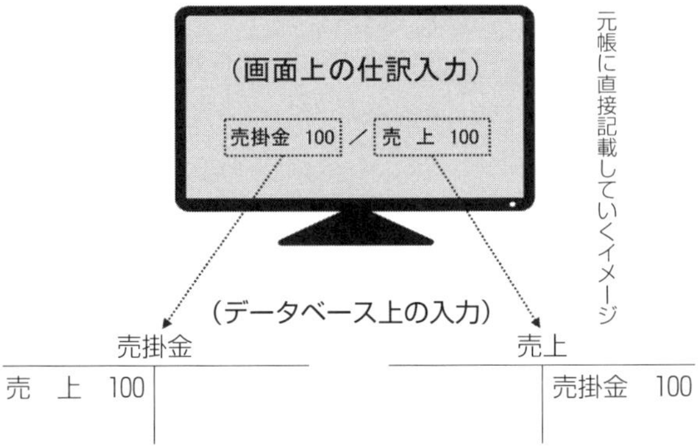

（出所）筆者作成。

元帳データベース・アプローチの場合，仕訳帳からの転記に相当する作業が不要となり，既に元帳の各勘定科目に転記がなされた状態となっているため，各勘定の残高を集計するだけで，すばやく損益計算書と貸借対照表を導出することができた。現在のコンピュータからすれば，超非力なプロセッサ，ごく僅かなメイン・メモリ，超低速で超低容量のフロッピーディスクという記録媒体といった環境のもとでは，仕訳帳からの転記作業に相当する作業をそのまま実現しようとすると，転記作業に膨大な時間がかかったり，ディスク容量をオーバーしたり，メイン・メモリが足りずに処理が継続できなくなったりしたためである。元帳データベース・アプローチが採用されていたのは，限られたリソースの中で実用的なシステムを実現するための工夫であったといえる。

しかしながら，日々の取引を正しく記録できているかを検証しようとする場合，仕訳データが保存されていないので，元帳の記録から逆にたどらなければならず，非常に困難であった。処理速度は実用的であったものの，間違ったデータを入力してしまうと，それを訂正するのが非常に困難であるという側面も持ち合わせていたのである。

これに対し仕訳帳データベース・アプローチでは，仕訳帳に記入するように，取引をクロノロジカルにデータベースに記録していくので，日々の仕訳の管理が容易だった。入力時のミスもすぐに検証ができ，また訂正も容易であるため，取引記録の管理という面では仕訳帳データベース・アプローチの方が優れていた。

たとえば前述した「商品100円を売り上げ，代金は掛けとした」といった取引が発生した場合，画面上では「売掛金　100／売上　100」と仕訳を入力し，それをそのまま仕訳帳データベースの借方勘定科目として「売掛金」，借方金額として「100円」，貸方勘定科目として「売上」，貸方金額として「100円」というデータを記録していくというイメージである（図4－2）。

図4－2　仕訳帳データベース・アプローチ

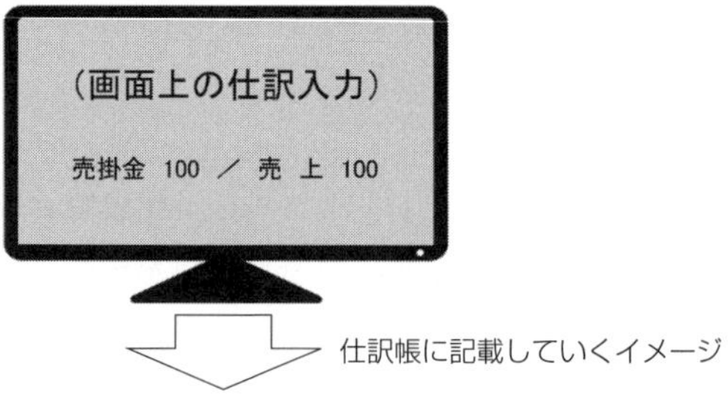

(データベース上の入力)

借方勘定科目	借方金額	貸方勘定科目	貸方金額
売掛金	100	売上	100

（出所）筆者作成。

仕訳帳データベースには仕訳データしか記録されておらず，元帳データは存在していないので，決算時にはすべての仕訳データを読み込み，決算整理仕訳も勘定科目ごとに振り分け，各勘定科目の残高を計算し，各勘定の残高を集約して損益計算書や貸借対照表を生成する必要があった。いうなれば，決算時に損益勘定が一時的に作成されるように，すべての元帳データが，決算時に一時的に作成されるようなイメージである。筆者はこのようなアプローチで構築された初期のパソコン用会計システムを見たことがあるが，決算整理仕訳データもすべて準備し，決算処理をスタートさせると，フロッピーディスクがカタカタと音をたてて長時間動作し続け，数時間の後にやっと損益計算書や貸借対照表が導出されるというものであった。

当時の低性能パソコンでは，仕訳帳データベース・アプローチで構築されたシステムは，日々の記録の管理にはむいていたものの，手軽に経営成績や財政状態を把握することができなかったため，仕訳帳データベース・アプローチよりも，元帳データベース・アプローチが採用されることのアドバンテージがあったといえる。

2　ERPシステムの登場と大福帳型データベースの隆盛

1990年代後半になると，パソコンの性能も著しく向上し（それでも，今日のスマートフォンよりも遥かに性能は低いが），32bitのプロセッサ，数メガ（ギガではない）のメイン・メモリ，数十メガ（ギガではない）のハードディスクを搭載したパソコンが普通に利用されるようになった(1)。

パソコンがハードディスクを搭載することにより，データベース・ファイルへのアクセス速度は飛躍的に向上したため，各勘定の残高を計算し，それを集約して試算表を作成するのにかかる時間は，大幅に短縮できることになった。このため，元帳データベース・アプローチを採用するメリットが薄れ，多くのシステムで仕訳帳データベース・アプローチが採用されるようになったということである。

やがてSAPに代表されるERPシステムが登場すると，猫も杓子もERPシステムでなければ情報システムに非ずといったほどの隆盛を極めることになる。日々発生する取引データにおいて，仕訳データ以外にもあらゆる情報をデータベースに記録するデータベースを中心に据えてシステムが構築されていた。このデータベースは，仕訳帳データベース・アプローチの延長線にあるものではあるが，さまざまな取引データを時系列に記録していく点が，江戸商人が用いた大福帳と似ていることから，とりわけ「大福帳型データベース」と呼ばれている（図4－3）。

---

(1)　現在入手できる標準的なパソコンの場合，64bitプロセッサ，数ギガのメイン・メモリ，数テラのハードディスクを搭載している。処理能力としては，100万倍以上の向上がみられる。

図4－3　ERPと大福帳型データベース

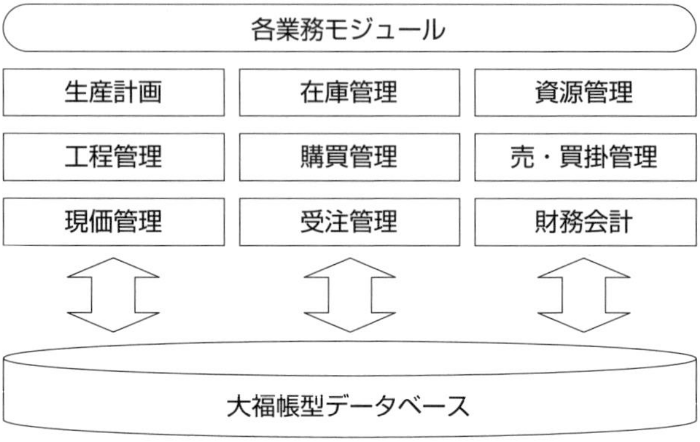

（出所）　本田［2002］2頁。

この大福帳型データベースのメリットの一つとしては，最終的に集約された財務諸表の項目から，元の取引が記録された伝票データのレベルまでたどりつくこと（ドリルダウン）が可能となったことを指摘できる。たとえばITmediaエンタープライズのサイトの「情報マネジメント用語辞典」にも，以下のような記述を見ることができる。

> 生データ（明細データ）をそのまま記録しておくことで，いつ，誰によって入力・処理されたかが分かるので，時系列的に経営活動を把握し，また何かの問題が発生した場合に原因追及を容易にする。財務諸表などの要約されたデータから逆にたどり，1枚の伝票（トランザクション・データ）にまでたどりつける（ドリルダウンできる）ようになっている（@IT情報マネジメント，2003）。

ところで，日々の営業活動の中で発生した取引について，さまざまな側面を余すところなく記録し，最終的に集約されたデータから元のデータにたどりつける（ドリルダウンできる）といったことを指向した，会計帳簿の電子フォーマットはあるのだろうか。答えはイエスである。それは，次に述べるXBRL

GLであり，まさにこのような機能の実現を視野に入れて開発された会計情報を記録するためのデータ標準である。

Ⅲ　XBRL GLの登場

1　XBRL GLとは何か

XBRL（eXtensible Business Reporting Language）は，名前が示すとおり，当初は財務諸表などの報告書類を記述するために開発されたものであり，財務報告用という側面を強調する場合は，Financial Reportingの頭文字を付して，しばしばXBRL FRとも表記される。XBRLは世界共通のXBRL仕様（XBRL specification）があり，現在のバージョンは2.1である（XBRL International Inc. 2013）。この世界共通の仕様に基づき，各国の会計基準に合わせて財務諸表の雛形であるタクソノミ（taxonomy）が作成される。そして，そのタクソノミに定義されたタグを使って，実際の財務数値等を埋め込んだものがインスタンス文書（instance documents）である。この仕様，タクソノミ，インスタンス文書の関係は，図４－４のように示される。

図４－４　XBRL FRにおける仕様，タクソノミ，インスタンス文書の関係

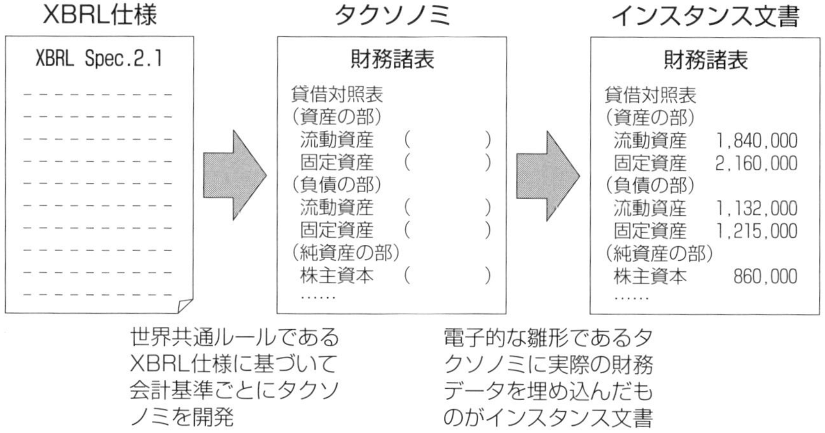

（出所）　坂上［2016］183頁。

このXBRL仕様によって表現できる会計諸表は，会計システムのアウトプットである財務諸表だけではない。会計システムのインプットデータである仕訳帳，会計システムに蓄積される元帳といった帳簿データも表現することができる。そして，さまざまな帳簿を表現するために作成されたタクソノミ・フレームワークがXBRL GLである。

XBRL GLの場合もFRと同じく，まず世界共通のXBRL仕様2.1に基づいて，様々な会計帳簿を記述することのできるGLタクソノミが作成される。そのタクソノミに定義されたタグを用いて，実際の値を記述していったものがGLインスタンス文書である。このうち，GLタクソノミと呼ばれる部分（タクソノミ・フレームワーク）のことを，一般にXBRL GLと呼んでいる[2]。XBRL仕様，GLタクソノミ，GLインスタンス文書の関係は，図4－5のように示される。

図4－5　XBRL GLにおける使用，タクソノミ，インスタンス文書の関係

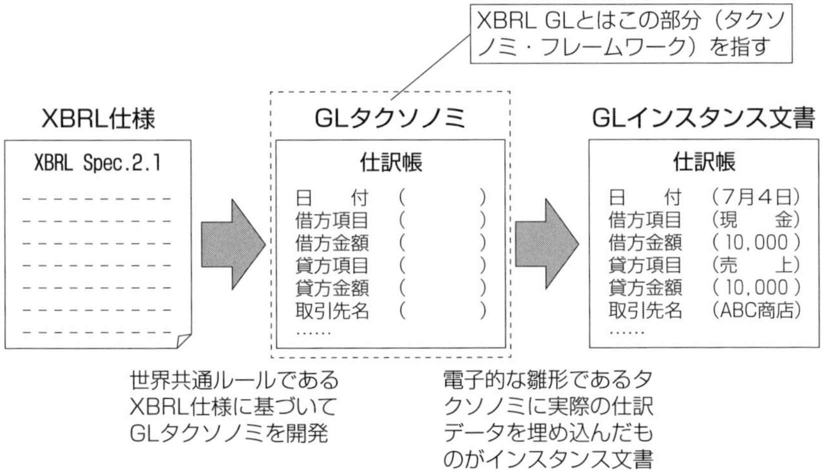

（出所）　坂上［2016］244頁。

⑵　XBRL GLは「仕様」と勘違いされることが多いが，図5にも示されているように帳簿を表現するためのタクソノミ・フレームワークを指す。また現時点においては，GLタクソノミは1つしか開発されておらず，それをすべての国で共通のタクソノミとして使っている。このことは，複式簿記のシステムには国境がなく，ビジネスの言語として普遍性を持つことの証左であろう。

GLは，当初General Ledger（総勘定元帳）の略とされたが，Journal Taxonomy（仕訳タクソノミ）ともいわれ，元帳というよりは，仕訳帳を表現したタクソノミとしての性格が強い。仕訳帳データベース・アプローチと元帳データベース・アプローチとでは，システム構築をする上で大きな違いがあったことからも分かるとおり，一般に元帳と仕訳帳はまったく別のものという印象があるはずだ。しかし後述するように，両者は数学的には同値であることが証明されている（Cayley 1894）。したがって元々は元帳を表現するために開発されたXBRL GLというタクソノミ・フレームワークが，仕訳帳タクソノミと呼ばれることに，大きな矛盾はない。なお，現在ではこのGLは，元帳や仕訳帳に限らず，さまざまな帳票類を表現できることからGlobal Ledger（万能帳簿）の略というように再定義されている（Cohen 2009）。

XBRLでは，会計システムのインプットデータを記述するためにXBRL GLがあり，アウトプットデータを記述するためにXBRL FRがあるわけであるが，両者はこのままでは連携をとることはできない。そこで導入されたのがSRCD（Summary Reporting Contextual Data）というXBRL GLのモジュールである。GLタクソノミに，このSRCDモジュールを組み込むことによって，対応するFRタクソノミの要素に関する情報を格納することができ，その結果として連携がとれるようになるわけである（坂上 2016，pp.251－253）。

たとえば，「売掛金」について人名勘定を用いて記帳していると仮定しよう。ここでは，「東京商事」と「横浜商会」という勘定科目を使っているものとし，売掛金の残高は，「東京商事」については10,000円の借方残高，「横浜商会」については30,000円の借方残高があるとする。SRCDによって連携がとれれば，最終的には10,000円＋30,000円で40,000円と集計され，財務諸表上の表示項目も「売掛金」となる。FRデータを準備するにあたって，GL側のSRCDモジュールの値に，対応先として「売掛金」と記述されている項目をすべてピックアップし，その金額を集計して「売掛金」のインスタンス（金額）として記述することにより，XBRL GLと財務報告との連携が実現し，これを逆にたどれば財務諸表データから，個々の取引データへのドリルダウンができるようになるわけである（図4－6）。

図4－6　XBRL GLとFRとの連携の仕組み

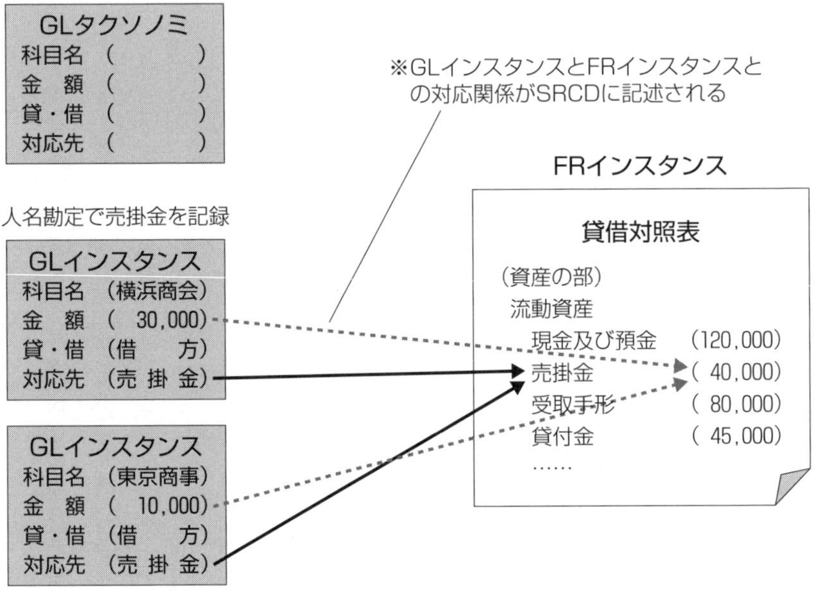

（出所）　坂上［2016］253頁。

Ⅳ　仕訳帳と総勘定元帳との同質性

1　Caleyによる複式簿記の絶対的完全性

数学者でケンブリッジ大学の教授であったアーサー・ケイリー（Arthur Cayley：1821－1895）は，複式簿記のもつ絶対的完全性を数学的に証明した（Cayley 1894）。ケイリーが示した絶対的完全性では，仕訳データは「比」として表現され，総勘定元帳データは「数字」として表現されている。ケイリーは，仕訳表現を抽象化した結果，それを比の形で表現することにしたわけである。同時に総勘定元帳表現も抽象化し，ある数値を割り当てることにした。そして，この比と数値との関係を調べた結果，相互に完全に変換することが可能であることを示したのである。井尻（2006）は，測定理論の立場からこの問題について検証をおこない，仕訳帳と元帳との間には同型写像であることを示している。つまり 1 対 1 対応の関係として，相互に関連付けられることがフォーマルに証明されたわけである。このような複式簿記のもつ完全性と合理性は，システム工学者をもうならせている（岡部 2005）。

数学的な証明を待たずとも，日々の取引を仕訳帳に記録し，それを元帳に転記することで問題が発生しないことは周知の事実であり，転記をしたら，いつの間にか取引内容が変わってしまったということはない。したがって，少なくとも「仕訳帳→元帳」という方向の変換については完全性を持つことを，我々は経験的に知っている。

問題は，「元帳→仕訳帳」の変換が可能かという点であろう。これは元帳に転記する際，小書きの部分をまとめて「諸口」としてしまうと，元の仕訳にはたどり着くことはできない。しかし，諸口ではなく相手勘定科目をすべて網羅的に記述しさえすれば，元帳のデータから元の仕訳のデータを再生成することは可能であることも，我々は経験的に知っている。したがって，相手勘定科目を諸口と省略せずにすべて記述しておけば，「元帳→仕訳帳」の変換は可能なのである。

仕訳帳と元帳とは，表現方法が異なるだけであり，格納されているデータ内容については変わりがない。したがって，仕訳帳と総勘定元帳とは，格納されているデータは同じであり，違うのはその表現のされ方であるという結論を導くことができる。

2　データベース理論からの考察

仕訳帳と総勘定元帳とは，格納されているデータは同じであり，違うのはその表現のされ方であるということは，データベース理論からの考察からでも示すことができる。データベース理論において，ANSI／X 3／SPARC の 3 層スキーマという考え方がある。これはデータベース構造を 3 つの階層，すなわち「概念スキーマ」，「外部スキーマ」，「内部スキーマ」に分けて説明するものである。3層に分けることで，物理的データ独立性や論理的データ独立性を確保できるとされている。それぞれのスキーマの意味は，以下の通りである（Tsichritzis and Klug 1978）。

- **概念スキーマ**
  対象世界のデータ全体を特定の応用プログラムに依存しないデータ構造を表現したもの
- **外部スキーマ**
  利用者の必要とするデータの見方を表現したもの
- **内部スキーマ**
  データの物理的格納方法を表現したもの

実際のシステム上に構築されているデータベースは，必ずしも仕訳帳や総勘定元帳の様式を踏襲した構造とはなっていない。関係データベースであれば，各データテーブルは「正規化」の処理を経てバラバラとなっているはずである(3)。実際にバラバラな状態で格納されているデータベースは，3層スキーマの「概念スキーマ」のレベルの話であり，「外部スキーマ」のレベルにおいて，「仕訳帳」や「総勘定元帳」といったビューを与えることで，それぞれの帳簿が表現されることになる（図4－7）。

このことの意味することは何であろうか。3層スキーマの観点から言えば，実際に会計担当者や会計情報の利用者が見るのは，「外部スキーマ」（ビュー）の部分であり，実際のデータベース構造の論理的側面（概念スキーマ）や物理的側面（内部スキーマ）とは関係がないということになる。概念スキーマや内部スキーマとは関係なく，「仕訳帳」や「総勘定元帳」のビューを与えることができるということは，元のデータは同じで，結局は見え方の違いにすぎないことを物語っている。データベース理論の観点から見ても，仕訳帳と総勘定元

---

(3) 関係データベースにおける正規化理論については，増永（1990）を参照されたい。関係データベースの理論を会計領域に応用した研究としては，Everest and Weber（1977）があるので，そちらも参照されたい。また会計データについての実際の正規化のプロセスについては，坂上（2016）を参照されたい。

帳は同質性を持つことが理解できるだろう。

図 4 － 7　ANSI／X3／SPARC の 3 層スキーマ

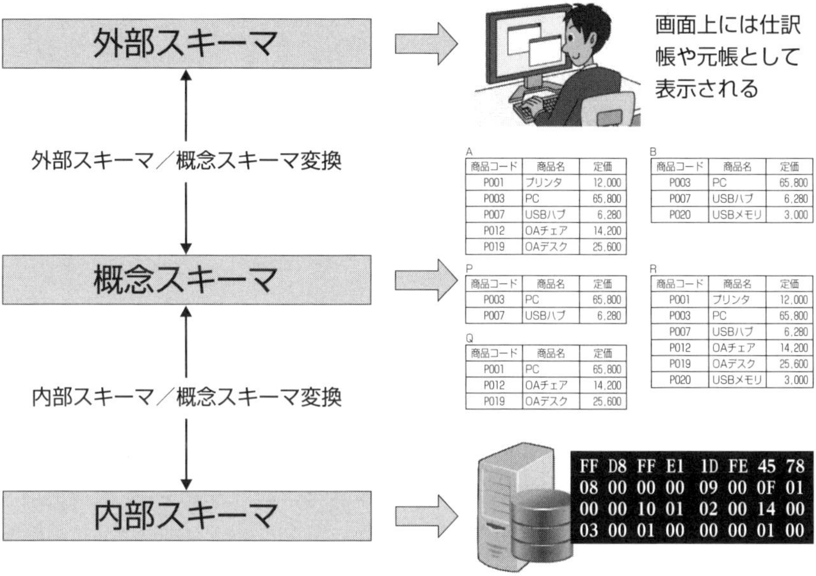

A

商品コード	商品名	定価
P001	プリンタ	12,000
P003	PC	65,800
P007	USBハブ	6,280
P012	OAチェア	14,200
P019	OAデスク	25,600

B

商品コード	商品名	定価
P003	PC	65,800
P007	USBハブ	6,280
P020	USBメモリ	3,000

P

商品コード	商品名	定価
P003	PC	65,800
P007	USBハブ	6,280

Q

商品コード	商品名	定価
P001	PC	65,800
P012	OAチェア	14,200
P019	OAデスク	25,600

R

商品コード	商品名	定価
P001	プリンタ	12,000
P003	PC	65,800
P007	USBハブ	6,280
P012	OAチェア	14,200
P019	OAデスク	25,600
P020	USBメモリ	3,000

（出所）　増永［2003］155 － 157 頁を元に筆者作成。

Ⅴ　表現論理としての複式簿記の役割

現在においても，糸綴じやルーズリーフの会計帳簿は売られている。また入金伝票，出金伝票，振替伝票も売られており，小規模な企業や個人商店などでは，まだまだ物理的な帳簿を用いている例はある。しかしながら，クラウド会計システムの登場や人工知能の進展により，将来は伝票の起票すら不要な状況が訪れようとしていることも事実である。

一定規模以上の事業体であれば，基本的にコンピュータ上に会計システムが構築されているはずだ。もしERPシステムが導入されているのであれば，さまざまな関連システムが連動しており，販売管理システムから売上データ，在庫管理システムから仕入データ，人事管理システムから給与データが自動的に入力されたりする。この状況を突き詰めると，もはや仕訳帳は不要となっていくのかもしれない。

物理的な帳簿という形態は失われつつあるが，コンピュータ上に構築された会計システム上では，どのような状況だろうか。前述したように，会計システム上のデータベースは，必ずしも仕訳帳や総勘定元帳と同じ形式のデータベースで構築されているわけではない。現在主流の関係データベースでは，データベースの正規化がなされ，いくつかのデータベースにバラバラに分割されていたりするのが実情である。この場合，「結合」や「射影」といった動作を通じ，格納されているデータを仕訳帳ないしは総勘定元帳という形で表示することになる。

このことの意味することは何であろうか。元のデータがどのような形式であろうとも，「仕訳帳」のように表示させることもできるし，「元帳」のようにも表示させることができるということは，「仕訳帳」や「元帳」は３層スキーマにおける外部スキーマ（ビュー）としてのみ，存在していることになる。帳簿の電子化が進み，データベース管理システム上に会計システムが構築されるようになると，物理的な「仕訳帳」や「元帳」の存在意義はますます薄れていき，最終的には会計データの表示の仕方を規定する表現論理としてのみ，存在していくことになるであろうというのが，ここでの一応の結論である。

Ⅵ　おわりに－複式簿記の体系の本質－

複式簿記は，資産・負債・資本・収益・費用という５つのカテゴリーからなる勘定科目体系の下で，複式記入で記録することで，貸借対照表と損益計算書を自動的に導出できるという優れたシステムである。その合理性と完全性は，初めての複式簿記書が著されてから500年以上たった今も，色あせることはない。

電子化社会が到来した今，ERPシステムのように，会計以外のさまざまな

第５章　ERP，RPA，クラウド会計の進展と複式簿記

Ⅰ　はじめに：ERP，クラウド等の最新技術の発展と簿記

最近，簿記や会計の分野でようやくERPやクラウドコンピューティングの技術がどのように簿記や会計に影響を及ぼしてきているか，いろいろな議論が出てくるようになってきた。しかしながら，ERPが実務において普及し始めたのはもう既に10年以上前のことであり，POSシステムに至っては既に50年以上の歴史がある。

ただ，最近ではAIの進展などもあり，コンピュータが人間を凌駕する分野が多く見られるようになり，人間の仕事を，会計の業務をコンピュータが代替する，つまり人間に替わってコンピュータが簿記会計の仕事をこなすことになるのではないかと言うことが話題になってきている。

そこで，ここではERPやクラウドコンピューティングの技術が簿記や会計にどのような影響を及ぼしてきているのかを，複式簿記のシステムを変えるような変化になっているのかどうか，という点から明らかにしていく。

まず，出発点として，複式簿記の要件を次の２点とする。

１　全ての取引の２面的記録

これは記帳技術的の問題である。つまり，全ての取引を２面的にとらえて，借方と貸方に同額の記録を行うと言うことである。これを全ての取引に行うことで，全ての勘定の借方合計と貸方合計が同額となる，貸借平均の原理が導き出される。

図５－１にあるように，全ての取引の記録である仕訳において，最低でもそれぞれ一つの借方科目，貸方科目が記入される。そして一つの取引について借

方と貸方の金額は必ず同じ金額となる。

図５－１　仕訳による取引の２面的記録

借方の勘定科目：金額　＝　貸方の勘定科目：金額

２　財産計算と損益計算の両立

全ての取引を２面的に捉えたとしても，勘定が体系的に整備されていなければ，複式簿記は完成しない。資産，負債，資本の実在勘定だけでなく，収益，費用という名目勘定も整備され，実在勘定を通して財産計算を，名目勘定を通して損益計算を達成し，かつ，財産計算からの利益計算と損益計算からの利益計算の一致をもって複式簿記は完成される。

この関係は，図５－２の残高試算表を図式からも理解できる。

つまり，取引の２面的記録により，全ての取引を借方貸方同額で記録すると，借方合計と貸方合計は必ず一致する。

図５－２　残高試算表

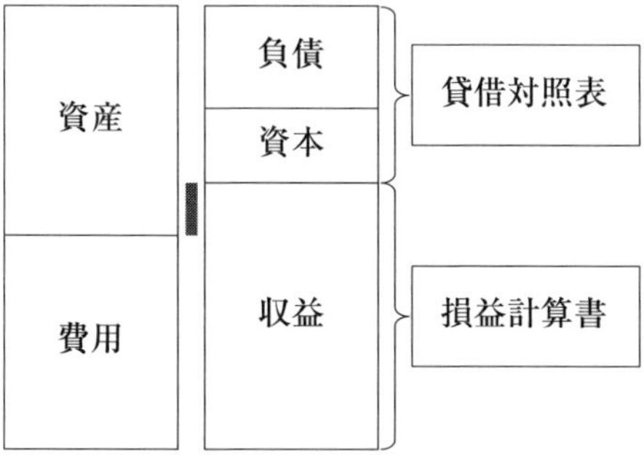

ただそれだけではなく，勘定科目を資産，負債，資本，収益，費用に分類する。そして，実在勘定である資産，負債及び資本を貸借対照表にまとめ，貸借差額を当期純利益とする。

さらに，名目勘定である収益と費用の勘定を損益計算書にまとめ，貸借差額を当期純利益とする。図５－２の縦の線は差額の当期純利益を現している。そしてこの純利益の一致をもって複式簿記の体系は完成する。

以上の２点に対して最新技術の発展はどのような変化を及ぼしてきているのかを見ていきたい。

Ⅱ　XBRL等と複式簿記

ERPという統合情報システムの会計への影響を考える前に，各国の上場企業の会計情報開示において義務付けられ，また，IFRS適用財務諸表の作成などのために用いられ，代表的なERPソフトに組み込まれることの多い，XBRLの特徴と複式簿記との関連を検討したい。

XBRLは仕訳データを記述するためのXBRL GLと，財務諸表を記述するためのXBRL FRという二つの部分から構成されている。

XBRLについてはFACT BOOKが公表されており，XBRL GLのタクソノミと仕訳の対応関係を次のような図５－３で示している。

この図には日付などが省略されているが，entryHeaderでどのような取引の仕訳であるかが示され，二つのentryDetailでは借方と貸方の記入がなされる。上側が借方を示し，下側が貸方を示している。そして仕訳の形で入力されたデータは勘定科目ごとに集計され，XBRL FRの財務諸表項目に結び付けられる。日本においても，IFRSの基準においても，貸借対照表，損益計算書，包括利益計算書は連携している。このことから考えると，財務諸表作成に必要な取引データはXBRL GLにより複式記入され，連携した財務諸表により，財産計算と損益計算の双方が達成される複式簿記の体系は，XBRL及びそれを組み込んだERPにおいても，維持されている。

図5－3　XBRL GLタクソノミと仕訳の対応関係

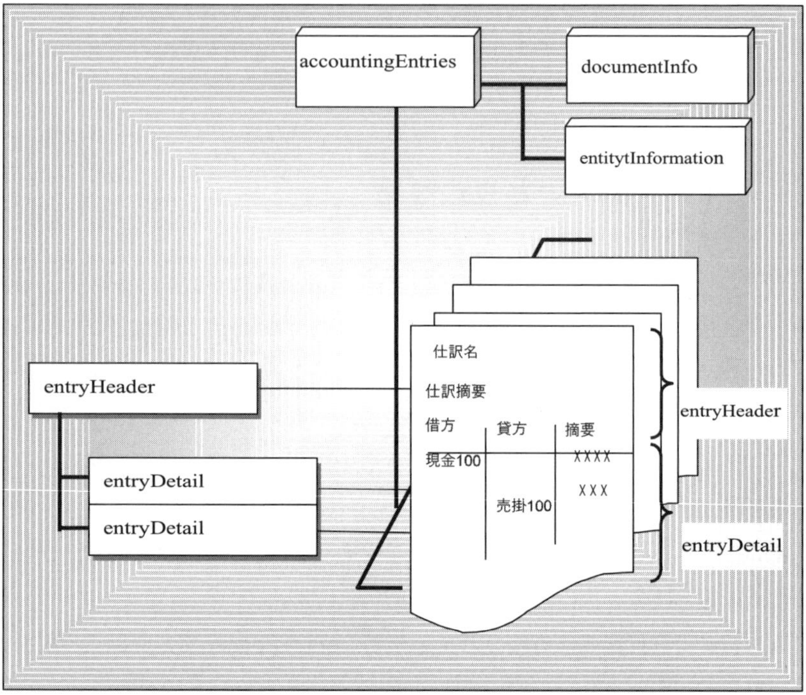

（出所）『XBRL FACTBOOK ver. 7.1.』［2005］，p. 18.

次に，XBRLを用いたシステムにおいて，複式簿記が維持されているとしても，コンピュータを用いた企業内の情報システムへの入力の段階で，仕訳による複式記入という作業が行われているのかどうかを検証する。

小売店などでは売上データはPOSシステムを通して，給料の支払いは人事管理や給与システムにおいて入力されるなど，会計に関わる数値が様々な別の部署で，会計上の仕訳入力にはないような入力項目とともに入力されることも多くあると考えられる。例えば，次頁の図5－4のFinancial Dataのところを見ると，左端に示された様々なコンピュータから入力された情報がまとめられ，そこからXBRLのタクソノミに適したデータが抽出されそこに振り分けられている。こうなると，入力の段階で仕訳のような複式記入による入力は行われず，その作業はコンピュータのシステムに委ねられることになる。

図５－４　XBRLを用いた会計システムの例

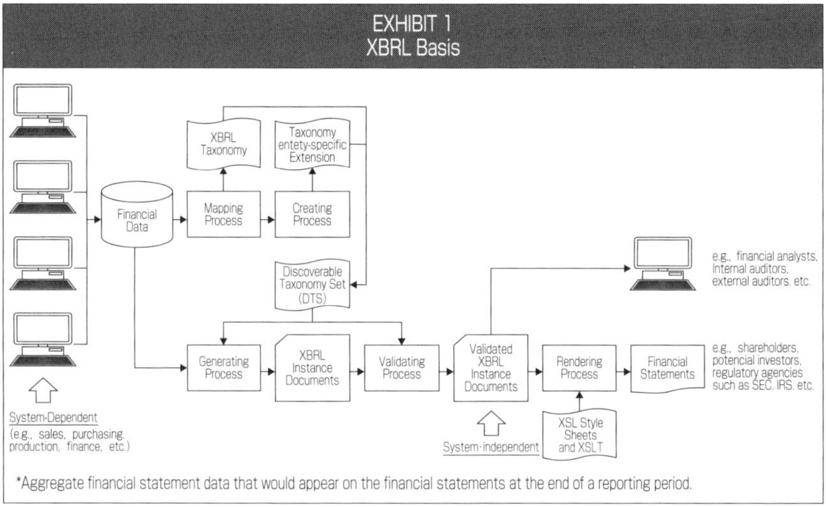

（出所）　P. A. Bizarro and A. Garcia［2010］p.63.

　まず，財務諸表作成に必要な財務データの中から，仕訳データの入力に必要となるデータを抽出し，XBRLタクソノミに変換し，そこからXBRLインスタンス文書（財務諸表）が作成される。この図からは，財務データは必ずしも仕訳の形がとられていることが条件づけられていない。XBRLタクソノミに変換する時に，企業により選択された報告のフレームワーク（例えばU. S. GAAP）に基づいた変換が行われる。同じ取引でもこのフレームワークが異なれば，費用にするか，資産にするかといった基本的な処理方法も異なってくる。例えばリース物件などは，契約の諸条件により仕訳の方法が異なる。このような場合，財務データの中に必要な契約に関するデータを入力していなければ適切な仕訳をすることができない。契約の諸条件は仕訳の形での入力はできない。財務データからソフトウェアにより自動的に必要なデータがXBRLタクソノミに変換されるとするならば，データ入力の段階ではもう複式記入という作業が行われないということになる。

企業の情報システムを財務データの入力から考える場合，財務諸表は作成されるものの，複式記入はされていないということになる。こうした場合，複式簿記ではないということができるのであろうか。

P. A. Bizarro and A. Garciaらは次のようにいう。

「XBRL GLは財務データおよび非財務データを取引データレベルで貯蔵する手段として作り出された。組織はXBRLアプリケーションを採用することで組織の完全な会計データベースを作り出し，貯蔵し，変換することを標準化することができ，それにより取引データを生み出し，利用する諸システムとは独立のものとすることができる（中略）。

企業独自のニーズに合わせて，XBRL GLはアドバンストU. S. 会計，マルチ通過，アドバンストビジネスコンセプトタクソノミといった追加的なアドオンモジュールを付け加えることができ，それによりいわゆるXBRL GL Pallete（企業タクソノミの拡張）を形作りことができる（P. A. Bizarro and A. Garcia［2010］p. 65）。」

彼らの説明によると，XBRL GLは取引データをも記録，貯蔵することができるが，これは仕訳の元になった取引につき，仕訳の摘要欄に相当する取引条件を補足的に記録し，貯蔵することであり，いかなる仕訳をするかを判断するための条件としての取引データを指しているのではない。そこで，財務データの入力からXBRLへとつなぐ役割も担うERPについて見ていくことにする。

Ⅲ　ERPと複式簿記

K. Bokovec andT. Damjiはアメリカに本社を置くグローバルな企業が，グループの会計情報システムを含む情報システムを統合するために，すでに2000年頃からERPを導入していることを紹介している。

ERPの導入については，「新しい高度に統合化されたERPシステムを使用することにあり，会計システムはオンラインでアップデートされる。ERPプロジェクトの目的の一つは全てのRC企業の処理手順を統一化することにあるので，このことは会計システムにも影響を及ぼした（p.27）。」とし，ERP導入により（中略）グループ企業間の会計システムの統合に寄与し，財務会計および管理会計システム間の相互接続をも可能にしたという。

さらに，「いくつかのレベルで法令に従った，企業規模の報告を可能にするグローバルな勘定体系（chart of accounts）をセットアップする必要がある（p.28）」として，以下の3つのレベルを上げている。

・　グローバル：グループレベル（グループ共通の勘定）

・　ローカル：国レベル（異なった国ごとの法的規制に準拠したローカルな勘定）

・　親会社レベル（米国の法的規制に準拠した親会社勘定）

このように，おおよそ20年近く前に，グローバルなグループ企業においては，親会社ならびに各国の子会社のそれぞれの国の法規にしたがった会計システムと，グローバル化会計システムの相互接続を可能にするERPが導入されてきていることがわかる。

2000年の時点では，例えばリース会計ではリースはオペレーティング・リースとファイナンス・リースに分類され，しかも会計基準によってその分類基準が異なっていた。例えばある国の会計基準でオペレーティング・リースに分類された場合，各月にリース料を支払った時に以下の仕訳が起こされる。

（借方）支払リース料　　×××　　（貸方）現　金　預　金　　×××

別の国の基準では当該リースがファイナンス・リースに該当する場合，上記仕訳だけからでは資産，負債として計上すべき金額はわからない。異なった会計システムをそれぞれに成立させた上で，それらを相互に変換することはどのようにすれば可能であろうか。

取引の記録段階で，（場所，日付時間，借方科目，金額，貸方科目，金額，リース取引の諸条件など）CSVの形で入力したとして，この後XBRL GLのタクソノミに変換するならば，そこからは複式記入と言えるが，最初の入力段階で様々な経営管理に必要とされる諸要素が入力者によって複式記入が意識されずに入力された場合，これを複式記入が維持されていると言えるかどうかが問題である。

例えば，高田橋，坂上［2004］は，「財務情報中心の業績評価から非財務情報を加味した業績評価（たとえばバランストスコアカードの導入など）が求められるようになり，会計情報システムもそれに対応できるような機能が求められるようになってきている。（中略）これからは，会計情報システムだけではもはや単独ではそのニーズに対応することができず，周辺のシステムとの統合化を進め，財務情報と絡めて他の様々な非財務的な情報が引き出せるようなシステムが求められていることを意味している。これを実現するものと期待され，この間に急速に導入が進んだのがERPパッケージと言えるだろう（p.50）」と指摘している。

XBRLを，仕訳を中心とした会計システムと考えれば，ERPは会計情報システムを内包する総合的な情報システムと位置付けられる。企業が行う取引について会計システムによる入力のみが独立して行われ，同じ取引について経営管理に必要な諸データが別に入力されるといった非効率はERP導入の趣旨に反する。取引に関する包括的なデータが取引時に入力されるように入力デバイスは開発される。

そこで次に入力に関連すると思われるPOSについて概観する。

Ⅳ　POSと複式簿記

POSはかなり古くからある入力デバイスである。これに関する学術的な論文は多くない。古い文献ではあるが，高橋巌［1988］では次のような記述がある。

「衣料品・耐久消費材型POSシステムでは，OCR値札が取り付けられる。これにはJANと異なり多くの事項の表示ができる。たとえば，衣料品の場合は①商品分類，②仕入先・メーカー名，③シーズン，④色・柄，⑤サイズ，⑥材質，⑦製造年月日，⑧販売価額，⑨仕入原価・掛率，⑩売値などに関して必要とみられる事項が表示される（p.50.）。」

ここで取り上げられている10の入力要素のうち，仕訳帳や補助記入帳，総勘定元帳や補助元帳などへの勘定記入と無関係であると考えられるシーズン，色・柄，サイズ，材料，製造年月日なども光学スキャナーによる読み取りで同時に入力される。しかもここには取引を記録するものとしての会計係が関与しない。直接販売員の操作により様々なデータが関連づけられながらも企業のデータベースに直接入力されることになる。

高橋氏は商品の単品管理を可能とする。したがって個別法を可能とするPOSシステムの導入が進んでいる中，先入先出法，移動平均法といった単品管理が不可能であった時代の仮定計算を教育の中で重視することについて問題であると指摘している。ただ，複式簿記の要件の一つである取引記録から財務諸表が有機的に作成されるということについては，維持されたままであるためか，POSシステムの導入により取引の記録形式が複式簿記ではなくなってきているというような指摘はない（pp.54－56）。

これよりさらに10年ほど前1978年のJoAでは，D. Akresh and M. Goldsteinが，高橋も指摘していたように，POSシステムの入力では製品の色や形など，これまで会計記録に含まれてこなかったような要素が入力され，それが経営に役立つということが主張されている（p.69）。さらに商品の単品管理は当然のこととして，売上の残高と現金の残高，またはクレジットカードによる販売の場合はその顧客情報管理も売掛金管理の一環として省力，省コストを伴って可能となることが主張されている（p.70）。

ここで主張されているのは，これまで，仕入帳，仕入先元帳，商品有高帳，売上帳，売掛金元帳，現金勘定，現金出納帳，当座預金出納帳それぞれの帳簿に記入されてきていたことが，簡単な操作で簿記の知識を必要とせずに取引に関連するデータとして入力され，体系的な情報にまとめられうるということである。この時，必ずしも上記の帳簿体系の形がとられることなく，それぞれの勘定残高，商品別の売り上げ動向，顧客別売掛金残高などの情報が手に入れられる。

1970年代や80年代には，手書きによる帳簿の体系がなくなるといった考え方には至っていないが，POSシステムと会計システムの統合により従来型の帳簿体系はなくなってしまったと言えるのではないだろうか。

あるアメリカの文献では，アイダホに本社のあるPOSおよびビジネスソフトのプロバイダーのクーガーマウンテンソフトウェアCEOであるJim Stoneの話として，「市場には200を超すPOSシステムがあるのに，会計システムと連動しているのはほんの少ないパーセンテージである。」という発言を紹介し，システムが統合される必要があることを訴えているが（L. Spinelli［2006］），先ほど取り上げた2000年のReCorの例からも，グローバルな企業でSAPなどのERPを導入している企業ではすでに一企業内での統合が終えて，グループ内企業間における会計システムの統合が目指されてきている。上記の発言は上場していない企業を視野に入れた発言であると考えられる。会計システムとPOSシステムが独立しているならば，会計システムへの手入力（PCへの手入力）の作業は残る。これは従来の仕訳の形をとることが多いため，複式記入が維持されているといえよう。しかしながら統合されているとするならば，仕訳入力は必要ではない。帳簿としての仕訳帳ないしは勘定への記録は行われない。こうした事態は複式簿記の消滅と言えるのであろうか。

V　RPAと複式簿記

POSシステム以外にも取引を入力するシステムとして，仕訳による帳簿への複式記入を自動化するRPA（Robotic Process Automation）が挙げられる。

Institute for robotic process automation and artificial intelligenceのホームページによると，「RPAとは，企業における従業員が，取引を処理し，データを操作し，他のデジタルシステムへの対応を促進し，コミュニケーションを図るために既存のアプリケーションを捕捉し解釈するために，コンピュータソフトウェアないしは「ロボット」を設定することを可能にするテクノロジーのアプリケーションをいう。

C. T. Kaya，M. Turkyilmaz and B. Birol［2019］らによると，「自動化された会計の職場は，会計担当者の役割を大きく変えるであろう。多くの時間を消費する手書きの処理を伴う仕事はテクノロジーないしはロボットに置き換えられ，そのため会計担当者は戦略や分析に焦点を当てたチャンスを見いだすことができる。Axson（2015）によると取引に伴う作業はロボティクスを用いる統合されたビジネスサービスソリューションに移行され，これにより 2020 年までに取引に関連する会計の作業の 40％が自動化されるか削減されるであろう（p. 244）。」と述べ，会計の作業がコンピュータに置き換わるであろうと予測している。

また，「RPA は会計作業の流れのどの段階においても使えるので，会計の業務においても，支払いや集金はロボットによって遂行され展開されることができるであろう（p. 244）。」とも述べ，取引記録だけではなく，ルーチン化された取引，さらには構造化されている意思決定，もしかしたら将棋や囲碁の世界でも起こっているように構造化されていない意思決定においても，取引の実行さらには取引を行う前の意思決定そのものがRPA ないしはAI に代替されることが技術的に可能となってきているのではないかと思われる。少なくともルーチン化されている取引がRPA によって実行され，それが記録されるということになれば，記録という作業に人間が介入することはない。

ただし，売掛金や買掛金の受け取りや支払いが，定められたルーチン通りに行われてそれが記録されるとしても，記録の形式として複式簿記の記録形式が保たれ，それらの記録に基づいて財務諸表が作成される体系が維持されているならば，複式簿記が消滅しているとはいえないのではないか。複式簿記の成立に大きく関わってきたといわれる債権債務の管理は，一般の事業会社の経営にとって重要であるといえるが，POS システムのように主たる営業活動の中心に位置付けられているというわけではない。いつどこでどのような商品を販売し，そのためにどのような商品をいつ手に入れるかといった商品戦略やサプライチェーン戦略といった様々な意思決定に役立つ管理会計においては多種多様なデータが入力され活用されている。

こうしてみると，データ入力においてPOS システムが使われている場合は，通常の複式簿記で入力されているデータに加えて，さらに経営上必要と思われるデータがスキャナーを通してシステムに入力される。つまり，データの種類が拡張されたといえよう。この拡張は，簿記会計のシステムを複式から３式に拡張することとは意味が異なる。簿記以外の要素を含んだ多種多様なデータが同時入力されることが可能となっているのである。

それ以外の取引でRPAによる自動入力が行われる場合は，仕訳の作業が自動化される。つまり，この自動入力装置では複式簿記の入力データはさほど拡張されていないように思われる。この点については更なる研究により確認する必要がある。

Ⅵ　クラウドと複式簿記

クラウドコンピューティングについては，アメリカのNIST（National Institute of Standards and Technologies：U. S. Department of Commerce：アメリカ国立標準技術研究所）が定義をし，詳細な分類がされている。

ERPなどの情報システムを考えた場合，サービスモデルとしてはソフトウェア　アズ　ア　サービス，実装モデルとしてはプライベートクラウドが該当すると考えられる。

我が国のクラウド会計に関する論文はそれほど多くない。例えば，長田芙悠子は，クラウド会計ソフトをどのように会計処理するべきかを，アンケートなどを参考に論じている。荒井義則［2009］は「複合的複雑適応系」なる概念からクラウド会計を説明しようとする，かなり特殊な領域の論文である。齊藤聡［2009］は，クラウドサービスを実際に導入した企業を紹介している。

これらの論文がある一方で，クラウド会計ソフト，アプリを作成しているFreee，Money Forward，弥生会計などの導入解説本は数多くある。これらを読むことで，入力がどのように行われているかを確認することができる。

クラウドの特徴の一つとしてユビキタスにどこでも入力が可能となっている点を挙げることができる。スマホさえあれば，取引の記録を会計記録として入力することが可能となっている。この場合取引の担当者が入力することになるため，会計の知識を有しているとは限らない。ここでも会計における取引記録という作業が，簿記の知識を有さないものによって行われるという状況が生じる。入力時に会計担当者が介在しない状況はPOSやRPAの時と同じといえる。

さらに，どこでも入力可能ということによる問題も生じる。つまりその取引が正当な当該企業の取引であるかを承認するプロセスがないと，私的な取引も企業の取引として記録され，代金の支払いが行われる可能性がある。こうした公私混同あるいは不正な取引とその記録を避けるためにも，取引を企業の取引として承認する手順をあらかじめ確立しておく必要があろう。

さらに，P.Rpsati and T. Lynn［2018］はクラウド会計の導入にあたって解決しなければならない問題点を以下の４つに分類している。

1　技術的問題

2　セキュリティーの問題

3　データ保護及びICTガバナンスの問題

4　契約上の諸問題

１の技術的問題は，クラウド会計導入にあたって，旧システムからどのように引き継ぐか，部分的に導入する場合はどうすればいいのか，他社に乗り換える時はどうすればいいのかといった技術的問題である。２及び３は，いずれも広い意味でセキュリティーの問題で，クラウドサービス提供企業の問題と，提供を受ける企業の問題に分けられている。４は法的な問題となる。これを見る限りにおいて，１の技術的問題に入力システムの問題が含まれると考えられるが，それ以外は複式簿記との関連性を考えるにあたっては関連性が薄いものと思われる。１については，ERPとの関連が問題となると思われる。代表的ERPとクラウドの関連性を調べなければならないだろう。

Ⅶ　む　す　び

以上，様々なICT技術の会計への適用が，複式簿記にいかなる影響を及ぼしてきているかを考察してきた。そのさい，複式簿記の要件を，①複式記入と②財産計算と利益計算の両立と考え，その要件に変更があるのかないかを考察の中心とした。

XBRLを組み込んだERPでは，基本的に二つの要件のどちらも欠くものではないと結論づけた。基本的な入力にあたって，仕訳の形式がとられ，財務諸表も連携観の元で作成されているからである。

また，入力方法に関しては，技術の進展により基本的に手書きの作業が必要なくなってきている現状を指摘した。作業としての仕訳，勘定への転記はすでにもうほとんど行われていないように思われる。

しかしながら，入力データに簿記の要素以外の多くのデータが含まれていたとしても，また，入力者がそれと意識していないとしても，会計上の取引記録は仕訳の形で記録され，システム上自動的に勘定に転記される。こうしたシステムがコンピュータの内部でプログラムされている以上，複式簿記は構造として変化していないものと考えられる。

（参考文献）

荒井義則［2009］「会計情報システムとクラウドコンピューティングに関する一考察」『国際経営論集』第38巻。

岩崎勇［2011］「IFRS導入の複式簿記への影響」『経済学研究』第78巻第4号，九州大学経済学会。

岩崎勇［2017］「コンピュータ会計の発展に伴う複式簿記の変容について」『経済学研究』第84巻第2号，九州大学経済学会。

高田橋範充，坂上学［2004］「日本企業の会計情報システムの現状と課題」『會計』第166巻第1号，森山書店。

齊藤聡［2009］「会計分野における3つの標準化（IFRS，XBRL，CLOUD）の動向と展望」『産業能率大学紀要』第30巻第2号。

坂上学［2007］「XBRLの構造と複式簿記システムへのインプリケーション」『會計』第169巻第3号，森山書店。

坂上学［2007］「XBRLにおける財務報告データモデリング」『企業会計』第59巻第7号，中央経済社。

高橋巖［1988］「商品棚卸会計とPOSシステム」『経営研究』第1巻第2号，愛知学泉大学。

友岡賛［2014］「単式簿記と複式簿記」『三田商学研究』第57巻第3号，慶応大学出版会。

友岡賛［2015］「単式簿記と複式簿記再論」『三田商学研究』第58巻第5号，慶応大学出版会。

長田芙悠子［2013］「クラウドコンピューティングが惹起する会計的問題」『経理知識』。
中野常男［1990］「『ヴェニスの商人』と複式簿記：パチョーロ簿記論とヴェネツィア式簿記」『国民経済雑誌』，第 161 巻第 6 号。
中野常男［2007］「第 1 章複式簿記の基本構造とその成立過程」『複式簿記の構造と機能』中央経済社。
XBRL JAPAN［2016］*XBRL Facebook 2016*，XBRL JAPAN.
Akresh，B.，and M. Goldstein［1978］“Point-of-Salles Accounting Systems：Some Implications for the Auditor”，*The Journal of Accountancy*（Dec）.
Bizarro，P. A.，and A. Garcia［2010］“XBRL—Beyond the Basics”，*The CPA Journal*，May.
Bokovec，K.，and T. Damit［2003］“The Relevance of A Global Accounting Model In Multi-Site Step ERP Implementations”，ICEIS（International Conference on Enterprise Information Systems）2003.
Carlton，C. J.，［2015］“Accounting for cloud security”，*JoA*，Sep.
Esteves，J.，and V. Bohorquez［2007］*An Updated ERP Systems Annoted Bibliograpy*：2001－2005，IE Working Paper SI 8－114－I.
Kaya，C. T.，and B. Birotl［2019］“Impact of RPA Technologies on Accounting Systems”，*The Journal of Accounting and Finance*，April.
Grabski，S. V.，S. A. Leech，and P. J. Schimidt［2011］，“A Review of ERP Research：A Future Agenda for Accounting Information Systems”，*Journal of Information Systems*，Vol. 25，No. 1.
Hui Du and Yu Cong［2010］“Cloud Computing，Accounting，Auditing，and Beyond”，*The CPA Journal*，Oct.
Rpsati，P. and T. Lynn［2018］Chapter 21 Challenges to technology implementation，in *The Routledge Companion to Accounting Information Systems*，ed. by Quinn，M. and E. Strauss.
Spinelli，L.［2006］“Integration remains crucial for point-of-sale systems”，*Accounting Todeay*，May 15－June－4.
Wegner，M. R.，R. Elan and K. Wiiliams［2011］“Global Ledter：The Next Step for XBRL”，*The CPA Journal*，September.

（千葉啓司）

第6章　ブロックチェーン技術の進展と簿記

Ⅰ　はじめに

本章では，ブロックチェーン技術とは何か，ブロックチェーン技術と簿記の関連性を示していく。

ブロックチェーンは，暗号資産（仮想通貨）であるビットコインを支える技術である。ビットコインは非中央集権的な通貨として発行され，単なる投資対象として注目を浴びた。その後，ビットコインを支えるブロックチェーンという技術が従来課題とされていた金銭的価値を改ざん不能な形で処理することを可能にしたため，当該ブロックチェーンを事業に応用する動きが見られた。

ビットコインやリップルといったブロックチェーンが金銭的価値を処理していたことから，金融取引との親和性が高いと考えられ，金融取引へのブロックチェーンの応用が実務上検討されている。ブロックチェーン以外にもAI，POS，APIといったICTを用いて新しい金融取引を創造する動きがあり，これをFinTechと呼ぶ。FinTechは，金融業界とICTの融合を示す言葉であるが，ブロックチェーンは金融業界の他，多様な業界・業種への応用が検討されている。つまり，ブロックチェーンを理解することは，これからのビジネスにおいて必要不可欠な知識であると思われる。

このため本章では，ブロックチェーンの概要を理解し，当該ブロックチェーンがどのように簿記に影響を与えるかを検討し，私見を述べるものである。本章の流れは以下の通りである。まず，Ⅱでは簿記とはどのようなものかの一般論を述べる。Ⅲではブロックチェーンに関する基本事項やビットコインやイーサリアムのブロックチェーンの相違等を述べる。Ⅳでは簿記とブロックチェーンの融合例として想定する私見等を述べる。Ⅴでは結論としてブロックチェーンによって簿記が終焉をするかの私見を述べる。

Ⅱ　簿記の種類と機能

通常，簿記と呼ぶものには，その記帳方法から3種類存在する。1つ目は，現金収支を記録しているお小遣い帳のように，金銭の増減，商品の増減，債権債務の増減といった特定財産の変動を帳簿で記録するも，各帳簿間に結合関係がない単式簿記がある。2つ目は，財産の増減とその増減の理由を記録するという取引の2面性に着目して各帳簿が組織的に結び付いている複式簿記がある。3つ目は，複式簿記の構造を発展させ，過去・現在・将来という3時制に着目するあるいは過去の損益の変動値に着目する三式簿記がある。本章において簿記とは一般的に学習の対象とされている複式簿記を前提としている。

複式簿記に対する解説は他の章に譲り，その基本的な機能・特質について考えてみる。複式簿記では，企業が有する資金，債権，商品といった企業の財産の増減を記録することによって，企業内にある財産が現在いくら存在するかを示すことになる。そのため，複式簿記には財産管理機能が存在する。

財産管理機能を有する帳簿は単式簿記でも構わない。複式簿記といった場合，財産の増減を記録した際に，その増減理由を記入することになる。この増減理由を集計することによって企業の財産が総額でいくら増減したかを計算することができる。この増減理由を損益と呼び，複式簿記には利益計算機能が存在する。

上記財産管理機能と損益計算機能を有する複式簿記は，その記録内容から，経営に資する財務表を作成することが可能となる。現在の企業の財産状態を示す財務表を貸借対照表と呼び，ある一定期間の企業の活動結果を示す財務表を損益計算書と呼ぶ。このような財務諸表を作成することが可能であることから，複式簿記には財務諸表作成機能が存在する。

Ⅲ　ブロックチェーン

1　ブロックチェーンとは

ブロックチェーンとは，情報を改ざん不能な状態で保管・管理するための暗号化技術の総体である。ブロックチェーンという用語は，2008 年に登場したビットコインを支える技術として有名となった。ブロックチェーンは，ビットコインの情報がネットワーク上に記録され，ビットコインを利用する取引参加者全体で当該記録を管理することから，分散型台帳技術（Distributed Ledger Technology）と呼ばれている。なお，分散型台帳技術を，単純に情報を参加者間で分散して管理・保管するのみで，取引をブロック化しない概念としても用いられる場合や（セコム株式会社IS研究所等 2018，38 頁），ビジネスに参加するもの同士が情報を分散して管理する概念（ブロックチェーンハブ 2018，94 頁）として用いられる場合もあり，用語の統一はとれていないが，本章ではブロックチェーンと分散型台帳技術を区別せずに用いている。

ブロックチェーンとは暗号化技術の総体である。例えば，経済産業省が公表した「我が国経済社会の情報化・サービス化に係る基盤整備（ブロックチェーン技術を利用したサービスに関する国内外動向調査）」では，ビットコインのブロックチェーンはハッシュ，公開鍵暗号と電子署名，P2P，Proof of Work といった技術を用いて情報をブロック化し，それを繋げていく仕組みと解説される（野村総合研究所 2016，7 − 15 頁）。なお，本章はブロックチェーンの技術を理解することを主眼に置いている訳ではないため，各技術の説明は省略する。

現在，ビットコインのほか，有名なブロックチェーンとしてイーサリアムが存在する。イーサリアムのブロックチェーンは，その技術として，P2P，Proof of Work，電子署名，ハッシュといったビットコインのブロックチェーンと同様の技術を用いているが，その活用方法は異なる。ビットコインのブロックチェーンは決済ネットワークのみに用いることが可能である一方，イーサリアムのブロックチェーンはスマートコントラクトと呼ばれるプログラムを実行するために作成されたプラットフォームであり，そのプラットフォームを利用するためにイーサと呼ばれる暗号資産が用いられる（アンドレアス等2019，1－2頁）。

ブロックチェーンという用語が多義的であり，ブロックチェーンで用いられる技術も多様であるため，現在では性質の異なる多様なブロックチェーンが存在し，ブロックチェーンがすべて同じということはない（アンドレアス等2019，3頁）。ブロックチェーンで何を達成すべきかを明確にすることによって，ブロックチェーンに求められる技術が変化すると考えられる。

2　ブロックチェーンの分類

ブロックチェーンはすべて同一ではない。このため分類が可能である。しかし，その分類方法は論者によって異なる。経済産業省（2015）では，ブロックチェーンを管理者で分類し，中島（2017）では，外部の者が参加自由か否かで分類し，岡田（2018）では，外部の者が参加する場合をより詳細に分類している。その結果，ブロックチェーンを分類するならば，以下のようになると考えられる。

表6－1　ブロックチェーンの分類

チェーンの名称		管理者	意　義
オープン型	パブリック型	なし	特定の管理者がおらず，自由に参加可能なネットワーク。
クローズド型	パーミッション型	特定多数	特定の管理者がおり，参加するには特定の管理者からの承認が必要なネットワーク。
	コンソーシアム型	特定多数	特定の管理者がおり，基本的に新規参加ができないネットワーク。
	プライベート型	単独	単独で利用するネットワーク。

（出所）　経済産業省［2015］1－2頁，中島［2017］127頁，岡田［2018］129－140頁を参考に筆者作成。

まず，ブロックチェーンはオープン型とクローズド型に分類できる。これは，自由に外部者が参加可能か否かの分類であり，外部から自由に参加可能なブロックチェーンをオープン型，外部から自由に参加できないブロックチェーンをクローズド型と呼ぶ。

クローズド型には更なる分類が可能であり，パーミッション型，コンソーシアム型，プライベート型がある。パーミッション型は，当該ブロックチェーンに参加する際に，管理者の承認が必要なブロックチェーンである。コンソーシアム型は，複数企業で用いるブロックチェーンであり，取引の拡大や事業再編等の変更がなければ，基本的に途中参加はできないブロックチェーンである。プライベート型は，１社で使用するブロックチェーンである。

ただし，ブロックチェーンをどのような視点から分類すべきかの定説はないとして（岡田 2018，140 頁），上記分類が今後用いられるかは不明である点には注意が必要である。

3　ブロックチェーンの機能

野村総合研究所（2016）では，ビットコインのブロックチェーンの機能として，アプリケーションの実行，データの連続性の保証，各ノードによるブロックチェーンデータの共同保有，Ｐ２Ｐネットワークによるデータ通信の４つを示している（13 － 15 頁）。これらについての詳細な説明は存在しないため，筆者の私見を含めた概略を以下に示す。

アプリケーションの実行とは，ブロックチェーンをOSと見立てた場合，当該ブロックチェーン上に起動するプログラムを実装することが可能となることと考えられる。野村総合研究所（2016）では，ビットコインのブロックチェーン上に存在する暗号資産のビットコインに金額以外の情報を付与すること（14 － 15 頁），製造業におけるサプライチェーンにおいて，異なる工程から製造された２つの部品を組み合わせる場合に，製造工程が完了するまで組み合わせの工程を開始しないこと（54 頁），スマートコントラクト（60 頁）等が示されており，事前に設定したプログラムを自動で執行することと考えられる。なお，スマートコントラクトについては，後に解説を行う。

データの連続性の保証とは，ブロックチェーンの参加者が取引を行った際に，二重に取引を処理することを防止すると同時に，ブロックチェーンの性質上，過去の取引情報はブロックに収容されているため，過去の取引を参照することが可能であり，過去の取引は改ざんすることができないということである。

各ノードによるブロックチェーンデータの共同保有とは，ブロックチェーンはノードと呼ばれる参加者によって運営されており，当該ノードがブロックチェーン上にあるデータを保有していることを指す。中央集権的な管理者を置く場合，当該管理者がデータを管理するため，その維持コストがかかり，またトラブルが生じた場合には，システムがダウンする可能性が高く，管理者の意図によって情報を改変することが可能となる。一方，各ノードが共同でデータを管理している場合には，あるノードがダウンした場合でも，その他のノードによってシステムを運営することが可能となるため，安定的なシステムを構築でき，また維持コストも下がり，悪意あるノードが情報を改変しようしたとしても，他のノードが有する正しい情報の方が保存されるというものである（14頁）。

P2Pネットワークによるデータ通信とは，各ノードが直接やり取りを行うということであり，上記共同保有を支える技術である。

上記から，ブロックチェーンの可能性として，企業の情報管理方法に脚光が浴びた。ブロックチェーンは，各ノードが情報を共有することから，同一情報を用いる企業間での利用可能性が挙げられる。R3が開発したCordaは，ブロックで管理されている訳ではないが，金融機関，保険会社やヘルスケア企業など，多くの企業が業界を横断する形で，同一の追跡可能な情報を共有する分散型台帳技術であり，企業間で情報を共有することで，記録の重複を解消し，共同で決済や清算，バックオフィス業務のコスト改善が図れるとする（デイビット 2017，181－193頁）。

このように，ブロックチェーンの登場により，企業の情報を中央集権的に保管するのではなく，共同で保有することで情報の改ざん耐性，維持コストの逓減や安定したシステムの構築といった，多くのメリットをもたらすことになった。

4　ブロックチェーンの活用方法

上記に挙げた複数の技術を用いて，複数の取引情報を 1 つのブロックにまとめ，そのブロック情報と新たな複数の取引情報を 1 つのブロックにまとめるというように，ブロックが連なるように取引情報を処理していく技術をブロックチェーンと呼ぶ。この結果，過去にブロックに含めた取引情報を改ざんしようとしても，実質的に改ざん不可能な状態となっている。このため，情報セキュリティが重要な業種・業態にブロックチェーンを導入する動きが盛んとなっている。

なお，ブロックチェーンを単に用いることが企業の収益向上に貢献する訳ではない。ブロックチェーンは，情報セキュリティの観点から，その改ざんが実質的に不可能な状態になるだけと考えると，現在企業が導入している情報セキュリティが万全である場合では，単に現在の情報セキュリティをブロックチェーンに置き換えても何も効果はなく，逆に導入コストの面から，損失が生じる可能性がある。そのため，安易にブロックチェーンを導入することは行うべきではなく，ブロックチェーンを用いてどのようなビジネスを行うかというビジネスの観点からブロックチェーン導入を検討する必要がある。

ブロックチェーンを用いてどのようなビジネスを行うかを検討することは，ブロックチェーンにおけるブロックにどのような情報を格納するかを検討することである。ブロックに金額の移転情報のみを格納したのがビットコインである。イーサリアムは，ビットコインと同様，金額の移転情報を格納しているが，金額の移転情報の処理に当たり，そのシステム上，ある条件を充たした場合に金額の移転情報を処理するというスマートコントラクトを実装している。現状，主に金額に関する情報が扱われているが，ブロックチェーンという技術で取り扱う情報に制限はない。野村総合研究所（2016）では，地域通貨，土地の登記，サプライチェーン，シェアリングエコノミー，スマートコントラクト，といったブロックチェーンの活用例を示しており，取り扱われる情報が金額情報のみではなく，権利，取引記録，個人情報などと多岐に及ぶことが示唆される。

また，ブロックチェーン上に記録された情報を参加者間で譲渡・売買する場合には，情報を一種の「暗号資産」として発行し，移転させる。この「暗号資産」をトークンと呼ぶ。トークンには大別して２種類存在し，円やドルといった交換可能な金額的価値を表象するファンジブルトークン（Fungible Token）と土地や骨董品といった代替不能な財産の所有権を表象するノンファンジブルトークン（Non Fungible Token）がある（アンドレアス等 2019，239 － 262 頁；森川 2018，34 頁）。

ブロックチェーンを用いることで，各種情報の移転を管理することが可能となる。この結果，従来取引価格を有していなかった情報に価値が生じ，売買することが可能となる。例えば，Steemit はソーシャルメディア上で発信された情報に価値を付与するコミュニティであり，当該情報への投票に基づいて投稿者に報酬が支払われ（Steemit），GameXCoin はゲーム開発プラットフォームとして開発され，同プラットフォーム内で開発されたアイテム等は，同プラットフォーム内の専用通貨で売買することが可能となる（GXC World）。これらは，通常売買の対象とならないような情報について貨幣価値を付し，その情報の信憑性向上や取引の円滑化を促すことになる。その他，著作物等の不正利用に対する管理可能性についても示されており，現代の社会問題に対応する技術としても，その活用が検討されている（日本総合研究所 2018）。このように，ブロックチェーンを用いることで，従来価値があったとしても，その価値が明確でなかったものに対して価値を付すことや，不正に流出する情報に対して規制をかけることが可能となり，従来から存在する問題点を解決する１つの方策として活用可能である。

5　ビットコインのブロックチェーンにおける取引記録

ビットコインのブロックチェーン上，どのような情報が記録されているのか。ビットコインのブロックチェーンで記録される情報をトランザクションと呼ぶ。このトランザクションは，UTXO（Unspent Transaction Output）という概念を用いている。これは，送金する際に送金相手の鍵を用いてトランザクションをロックし，受け取った者は当該トランザクションを使用するためには自身の鍵を用いなければ使用することができないことを指す。トランザクションを使用する際には自身の鍵でアンロックすると同時に，送金相手の鍵を用いてロックするとして，トランザクションは常に誰かに送金できる権利を示すものであると考える。

アンドレアス（2016，16－20頁）を参考に，ビットコインの取引をUTXOと仕訳の観点から考えると以下の通りとなる。なお，仕訳の左側を借方，右側を貸方と呼ぶ。

【設例】

① アリスはジョーに現金を支払い，0.1BTCを受け取った。取引手数料は0.0005BTCとする。

② アリスはコーヒー代の支払いのため，有する0.1BTCから0.015BTCを送金した。取引手数料は0.0005BTCとする。

仕訳（単位：BTC）

①	（借）	ジョー	0.1005	（貸）	アリス	0.1000
					取引手数料	0.0005
②	（借）	アリス	0.1000	（貸）	ボブ	0.0150
					アリス	0.0845
					取引手数料	0.0005

①では，ジョーがアリスに0.1BTCを送金している。この時の取引手数料の決定方法は②の説明時に行うため，ここでは省略する。①の取引の結果，アリスは0.1BTCを使用する権利を得た。このため，今後の取引記録（本例では②の仕訳）において，借方にアリス勘定と金額0.1BTCを記入することができる。この性質をUTXOと呼ぶ。

次に②では，アリスはボブに0.015BTCを支払う。この際，金額データは分割して使用することはできないため，①の取引で取得した0.1BTCを使用している。しかし，0.015BTCの支払いに0.1BTCは大きすぎるため，アリスは自身におつりを支払う記録を行う。この時，アリスは支払いのおつりとして

0.0845BTCを記録している。この結果，貸借が一致せず，この貸借差額が手数料となる。この手数料はブロックチェーン上で当該取引を承認してもらうための手数料として用いられる。この結果，アリスは0.0845BTC，ボブは0.015BTCを使用する権利を有し，今後の取引記録の際に記入することができる。これらの記録がビットコインのブロックチェーンで記録される。

ビットコインのブロックチェーンは，簿記における仕訳帳と類似した記録となっていると言える。誤解を恐れず述べるならば，金融機関が有する顧客の口座に関する仕訳帳と類似していると言える。金融機関は資金を預かった場合，借方に現金，貸方に誰から預かったかを示す。この場合，銀行の帳簿上，預金者自身が使用できる権利が貸方に示される。これと同様のことがビットコインのブロックチェーンでも言える。

ビットコインのブロックチェーンでは，簿記の借方に相当する項目をトランザクションインプット，貸方に相当する項目をトランザクションアウトプットと呼び，トランザクションアウトプットは次の取引のトランザクションインプットとして把握される。なお，ビットコインのブロックチェーンでは，参加者のビットコイン残高を個別に把握している訳ではない。ビットコイン残高を把握するのはビットコインの鍵を管理するソフトウェアであるウォレットの機能であり，ウォレットがまだ使用されていないトランザクションアウトプットを集計しているだけである。

6　イーサリアムのブロックチェーンにおける取引記録

すべてのブロックチェーンが同様の技術・情報を取り扱っているのではない。ビットコインのブロックチェーンでは，そのビットコインの価値情報の移転を記録するためのシステムであった。そこから汎用的なブロックチェーンを実装するために開発されたのがイーサリアムのブロックチェーンである（アンドレアス等2019，1－2頁）。

イーサリアムのブロックチェーンの機能については後述することとし，ここではイーサリアムのブロックチェーンにおけるトランザクションの内容を示す。

イーサリアムのブロックチェーンにおけるトランザクションとは，イーサリアムのブロックチェーンに記録される情報を更新するための機能を有する（アンドレアス等2019，105頁）。イーサリアムのブロックチェーンにおけるトランザクションは，あるアカウントからあるアカウントへの金額情報の移転を示し，この結果，イーサリアムのブロックチェーン上では，アカウント情報が更新される（アンドレアス等2019，117頁）。このため，イーサリアムのブロックチェーンは，トランザクションによって変化が生じた結果の状態を記録するためのシステムである（アンドレアス等2019，316頁）。つまり，各アカウントがイーサ残高（イーサリアムのブロックチェーン上で用いられる暗号資産の残高）をいくら所有しているかを示すことになるため，イーサリアムのブロックチェーンは，仕訳ベースのビットコインのブロックチェーンとは異なり，残高ベースの記録ということができる。

上記ビットコインのブロックチェーンの解説の際に示した設例を用いてイーサリアムのブロックチェーンを簿記的に考えると以下のように解釈される。なお，通貨単位はBTCからETHに変換している。①のアリスがジョーから0.1ETHを受け取る取引をトランザクションと呼び，その結果，アリスが0.1ETHを有していることがイーサリアムのブロックチェーン上で記録される。②では，アリスはボブに0.015ETHを支払い，取引手数料が0.0005ETHであったという取引がトランザクションであり，この結果，アリスが0.0845ETH，ボブが0.015ETHを有していることがイーサリアムのブロックチェーン上で反映される。

7　取引記録の違い

このようにブロックチェーンによって各アカウントが有する金額情報の残高の把握方法は異なる。ビットコインのブロックチェーンではトランザクションインプットとして使用されていないトランザクションアウトプットの集計によって残高を計算し，イーサリアムのブロックチェーンではトランザクションの結果として各アカウントの残高を記録している。簿記的に考察するならば，ビットコインのブロックチェーンは仕訳の累積から各アカウントの残高を計算する仕訳ベースのブロックチェーンであり，イーサリアムのブロックチェーンは仕訳の結果から作成された総勘定元帳のデータが記録される残高ベースのブロックチェーンと言える。

8　ブロックチェーンという用語の誤解

簿記では，各種帳簿を用いて企業の取引を記録していく。前節では一部の帳簿しか取り上げていないが，簿記では多くの帳簿が登場する。簿記を学んでいる者にとって，ブロックチェーンは誤解されていた節がある。

ブロックチェーンは，ブロックチェーン参加者の取引を記録しており，その記録結果をブロックチェーン参加者が共有している。このことを，ブロックチェーンを台帳に見立て，ブロックチェーン参加者が当該台帳のすべてあるいは一部を共有していることから，分散型台帳，分散台帳，分散帳簿（distributed ledger）と呼ぶようになった。この台帳（ledger）という用語が，簿記上の総勘定元帳（general ledger）に当たることから，分散型台帳が総勘定元帳に関連する帳簿として誤認されていることが考えられる。なお，ブロックチェーン自体を企業と考えるならば，帳簿とみなせなくもないが，ビットコインのブロックチェーンはそこで取り込む情報が取引ベースであるだけであり，その情報内容が異なっていてもよい。すべてのブロックチェーンが取引ベースの情報を取り込む必要がないと考えると，やはり簿記上の帳簿の一種として認識することは誤っていると解する必要がある。

この分散型台帳という用語を，簿記における帳簿の別称や新たな帳簿として誤解している様子も見受けられた。例えば，「ブロックをブロックチェーンという帳簿を作成する『ページ』として考えてみましょう。ブロックチェーンは，新しいページを上に綴じ込むことで記録を行う『追記専用』の帳簿とします」（アンドレアス 2018，90 頁）として，ブロックチェーンの説明を帳簿と関連付けて説明することが多かったため，ブロックチェーンを帳簿の一種と誤解した者がいたと考えられる。ブロックチェーンという用語は，簿記上の帳簿とは全く関係のないものであることを明示しておく。

Ⅳ　ブロックチェーンの簿記的活用

ブロックチェーンとは暗号化技術の総体であり，情報の改ざん防止が基本機能であり，その情報に何を当てはめるかが重要となる。ただし，そのブロックチェーンを用いた情報改ざん防止システムに新たな機能を加え，当該機能付きブロックチェーンをプラットフォームとして開発するのが現在の主流である。当該代表例がイーサリアムであり，その他の事例は森川（2018）に多く列挙されている。このようなことから，単にブロックチェーンを導入すればよいという考えは望ましくない（坪井2019，132頁）。反対に，何かの目的をもってブロックチェーンを活用すればよいということになる。この点，私見ではあるが，簿記に関連したブロックチェーン活用例を述べてみたい。

１　ブロックチェーンの簿記的側面からみた活用案

まず簿記的側面を前提として考えられるのは，社内の業務管理プロセスとしてブロックチェーンを利用することである。これは表６－１で示したプライベート型ブロックチェーンを想定している。例えば，東陽監査法人（2019，159－173頁，189頁）を参考に企業の物品購買プロセスを記述すると以下の通りである。まず，購入先を選定した後，物品購入契約を結ぶ。その後，発注が行われる。発注は，購入依頼部署（製造部門，倉庫部門等）が発行した購入依頼書等の書類に基づいて，発注担当部署が行う。発注担当部署が注文書を発行，仕入先に渡し，仕入先が注文請書を発注担当部署に発行することで発注が完了する。発注後，仕入先から注文した物品と納品書が届く。納品された物品が納品書と一致しているかを受入担当部署が検収し，検収後，購買担当部署に報告する。この後，倉庫担当部署で入庫記録・保管が行われる。会計担当部署は，検収報告書，納品書等に基づき，仕入計上を行う。実際の物品購入プロセスは，より複雑であると考えられるが，ここでは上記の通り一般化する。上記物品購入プロセスにおいて，簿記に影響があるのは，仕入計上時の処理であるとされる。

ここで，企業の不正について検討する。EY新日本有限責任監査法人（2019）では，近年数年間に発生した100社にのぼる会計不正事例を分析し，不正経理の手口として，自己決済，架空取引，循環取引，資産過大計上，簿外債務，原価付替，在庫横領等を挙げており，架空取引，自己決済，架空資産の順に多いとする（35－39頁）。これらの不正は，各部署が業務を兼任している，経営者が独断で行うといった企業の内部統制の不備から生じる。例えば，自己決済は，「経理処理の決裁権限者自らが不正な会計伝票を起こし，あるいは内部の協力者に不正な会計伝票を起票させ，最終承認する行為」（9頁），架空取引は，「取引実態がないにもかかわらず，根拠資料を偽造して取引が実際に存在したかのように装い，架空の売上高や仕入高，経費等の計上を行う行為」（9－10頁），簿外債務は，「会社が負担すべき債務を帳簿に計上しない，または，計上を翌期に先送りするなど，当期の費用を過少に計上する不正経理」（14頁）であり，不正の発生は業務分担が行われず，証憑に基づいて記録が行われなかったことに起因する。このため，業務の分担と証憑に基づく記録・承認が行われることで不正が減少すると考えられる。

不正を減少させることを前提に，ブロックチェーンを用いた物品購入プロセスを検討する。上記物品購入プロセスに登場する部署は，購入依頼部署，発注担当部署，受入担当部署，会計担当部署である。これらの部署は，各種証憑に基づいてやり取りが行われる。不正は，証憑の偽造，業務プロセスの兼務，つまり，チェック体制の不備によって生じる。そのため，当該証憑を各部署に送付する行為を取引情報としてブロックチェーン上に記録し，記録された取引情報が企業内で容易に検査できるようにすればよい。すなわち，購入依頼部署が発注担当部署に引き渡す購入依頼書をデータ化・記録し，当該購入依頼書に基づいた発注書を発注担当部署から受入担当部署に引き渡す取引をデータ化・記録し，発注書と納品書等が一致していることを受入担当部署が確認して，当該結果を記した書類を会計担当部署に引き渡す取引をデータ化・記録する。このように，すべての証憑をデータ化して紐付けることによって，業務の分担化が可能となる。ただし，上記購入依頼部署，発注担当部署，受入担当部署，会計担当部署の複数を兼務し，当初から証憑が偽造されていた場合には検知できないが，1人あるいは1つの部署ですべてを兼務していることは想定しえないことから，どこかで他者や他部署のチェックが介入することになる。この場合，例えば，金額と数量の不一致の検証や，最初に発行された証憑に基づいて勘定科目が決定されるとするならば，勘定科目の不正組み換えが行われることは最低限防止可能と考えられる。

当該部署間のやり取りをデータ化する際，途中で証憑が改ざんされることが想定される。その場合には，データの送受信アカウントを人的に管理可能なもの同士にするのではなく，例えば，イーサリアムのブロックチェーンにおけるコントラクト・アカウントを設定して，当該アカウントにデータを送信することも考えられる。コントラクト・アカウントとは，個人が有している一般的なアカウントではなく，「スマートコントラクトコードを保有」したアカウントである（アンドレアス等 2019，29 頁）。スマートコントラクトとは，「イーサリアムネットワークプロトコルの一部として…決定論的に実行される，イミュータブルな（改変できない）コンピュータプログラム」（アンドレアス等 2019，133 頁）とされ，当該コントラクトに記された条件を充たすと，ブロックチェーン上の状態を変更させる能力を有したアカウントである。このコントラクト・アカウントを用いることで，自動的に取引を執行することが可能となることから，イーサリアムのブロックチェーンはスマートコントラクトを実装するブロックチェーンと呼ばれる。

スマートコントラクトを用いて，証憑の改ざんを防止する。この場合，上記で示した各部署間のやり取りのほか，各部署がコントラクト・アカウントにもデータを送信することを追加する。まず，イメージとして，コントラクト・アカウント（CA）を各部署間に設定する。購入依頼部署はデータを発注担当部署とCA_1に送信する。発注担当部署はデータを受入担当部署とCA_2に送信する。受入担当部署はデータを会計担当部署とCA_3に送信する。各部署へのデータの送信は上記で示したものと同様であり，CA_1，CA_2，CA_3が新たに設定されたものである。この各CAは，CAを統括するCA_Sに自動でデータを送信するようにプログラムする。そして，CA_SにはCA_1，CA_2，CA_3から送られてきた金額や数量といったデータが一致している場合に，会計担当部署に当該旨を送信するようにプログラムする。このように，コントラクト・アカウントやスマートコントラクトと呼ばれる自動執行プログラムを導入することで，偽造の有無を確認することが可能になると考えられる。また，当該CA_Sから会計担当部署にデータが送られていないことをもって，プロセスがどの部署で止まっているかをCA_Sが有するデータで確認することも可能であると考えられる。

図６－１　ブロックチェーンを用いた物品購入プロセス例

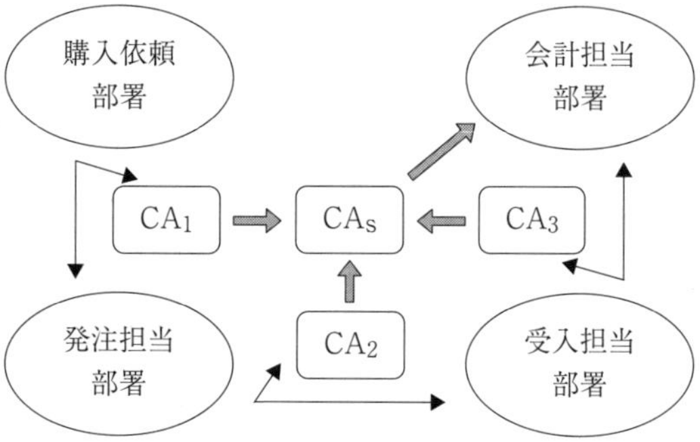

（出所）　筆者作成。

上記は筆者が想定するブロックチェーンを活用した簡単な業務プロセス例である。これは単に業務プロセスとブロックチェーンを融合しただけであり，企業の特徴を鑑みてブロックチェーンをカスタマイズする必要がある。

2　ブロックチェーンの活用事例

近年，ブロックチェーンを事業に活用する動きが盛んである。トヨタ自動車（2020）では，顧客，車を含むあらゆるモノ，あらゆるサービスをブロックチェーン技術を用いて繋げ，更なる価値創造を実現するための実証実験を進めることを表明している。

みずほFG（2020）では，ブロックチェーン技術を用いた個人向けデジタル社債の発行に向けた実証実験を開始した。これは，①社債発行企業と投資家を直接結びつけることで，販売促進の増強を図り，②当該個人投資家にポイントを発行し，消費を促すことで，社債発行企業の売上増加を促し，③デジタル社債によるオンライン販売を証券会社に可能とし，販売層の拡大を図る，として，従来の金融商品の販売を超えたサービスの提供を目論んでいると考えられる。

LIFULL（2020）では，不動産投資から生じる受益権をトークンとしてブロックチェーンで発行・管理するシステムの実証実験を開始した。これは，「全国の空き家対策として，リノベーションや他用途への転用を積極的に進め，不動産価値の維持向上を図る必要がありますが，一般的に建物担保評価の低い古家は金融機関からの借り入れによる資金調達が難しいという課題」があるため，クラウドファンディングの活用が薦められているものの，不動産ファンド運営に対するコストが生じるため，このコストを削減するためにブロックチェーン技術を用いるとしている。

このように企業のブロックチェーン活用が近年盛んに行われている。しかし，ブロックチェーンを単に導入するだけでなく，現状における問題点の解決，新たな価値創造のためにブロックチェーンを導入することをまずは検討しなければならない。さらに，ブロックチェーンはプログラムであるため，それが当初の予定通りにプログラム的にも事業的にも運用できるかどうかを検証しなければならない。そのため，多くの企業がブロックチェーン技術を導入した新事業の実証実験を行っている。

坪井（2019，128－130頁，155－157頁）では，既存のブロックチェーンを利用してサービスを運営する場合には安価で使用しやすいが，自社で新しくブロックチェーンを構築する場合には，その開発費用が高額となり，投資額を回収できず実証実験で終了し，実用化されていないのが現実であると指摘する。そのため，既存のブロックチェーンを利用して，付加価値を創造することを推奨する。

このように，確かにブロックチェーンは情報の改ざんを防止する機能を有する技術であるが，その導入方法，つまり，自社で開発するか，既存のものを利用するか，導入によってどのようなことが実現できるかといった，多くの慎重な分析が必要であり，一般の企業では，その導入が難しいと考えられる。

V　むすび：ブロックチェーンは簿記の終焉をもたらすか

本章では，簿記の機能，ブロックチェーンの内容・分類等，簿記へのブロックチェーンの活用を述べてきた。最後に，ブロックチェーンの台頭によって簿記が終焉するか，という本書のタイトルに対する私見を述べる。

上述の通り，ブロックチェーンというのは情報を改ざん不能な状態で保管・管理するための暗号化技術の総体であり，記録する情報は何でもよい。このようにブロックチェーンに対する知識を深めると，簿記の終焉をもたらす技術足り得ないことが鮮明になる。

ブロックチェーンが簿記に代わり得るものなのか。上記で示したように，ブロックチェーンは情報を記録する技術であるため，何の情報を記録するかをプログラムする必要がある。概念的には，企業の行う活動すべてを記録の対象とすることが考えられる。しかし，それは実行可能であるのか，実行する意義があるのか，を検討すべきであろう。

ブロックチェーンを簿記に代わる記録技術として，企業の取引全てを記録することは可能であろうか。私見では不可能である。例えば，企業が行う通常の仕入取引をブロックチェーン上で記録することは可能であろう。しかし，企業が行う定型外取引を記録する場合には，ブロックチェーン上でどのように記録するであろうか。ブロックチェーンはプログラムであるため，取引の実行前にプログラムを組む必要がある。その後，取引を実行することによってブロックチェーン上に当該取引を記録することができる。すなわち，企業が想定していない取引については，ブロックチェーンは活用することはできない。

企業がブロックチェーンを簿記の代わりとして取引記録の方法として活用する場合，その意義は何であろうか。それは取引を記録することである。簿記の代わりにブロックチェーンを用いているのであるから，取引を記録するという価値が喪失してしまっては意味がない。そのため，取引を記録することが意義となる。では，ブロックチェーン上で取引を記録した後，その結果を出力する場合にはどのように出力されるであろうか。この場合，その出力方法のひな型を予め決定しておく必要がある。例えば，ブロックチェーン上の記録をもとに財務諸表を作成する場合には，財務諸表の様式に従って出力されるはずである。財務諸表の様式は規則に基づくことになるが，当該規則は簿記に基づいて作成されているため，ブロックチェーン上に記録している情報を簿記に基づいて処理する必要があるということになる。つまり，簿記の機能である財務諸表作成機能を有していなければ，ブロックチェーンを簿記の代替物として使用する意義はないのである。

では，財務諸表作成機能以外の簿記が有する機能を超えた機能をブロックチェーンは有しているかどうかが次に問われることになる。ブロックチェーンは，簿記では記録できない情報も記録することが可能であるため，簿記が有する機能を超えた機能を実装することが可能と考えられる。例えば，上記私案で示したが，簿記の記録元である証憑自体をデータ化してブロックチェーン上に記録するとすれば，簿記では表現できなかった広範な取引データを記録することは可能となる。このことから，簿記を超えた機能をブロックチェーンは有していると考えられる。

しかし，このことはブロックチェーンでしかできない機能であろうか。現在，企業の会計システムはERP，POSやクラウドサービス等を利用している場合が多い。詳細は前章に譲るが，これらのシステムは簿記では処理されない多くの非財務情報を含んでいると考えられる。例えば，POSと同様の機能を有したブロックチェーンを作成するとした場合，POSが存在するのであるから，ブロックチェーンを作成する意義はない。POSを超える機能を有したブロックチェーンを作成する必要がある。また，従来から存在する会計システムを超える機能をブロックチェーンに実装させるコストを検討すると，従来から存在する会計システムを導入・維持した方が経済的に良いと判断する可能性が高いと思われる。

つまり，ブロックチェーンが簿記を代替する記録方法となるかという問いに対しては，従来から存在する会計システムを超える機能を有しない限りは，導入する意義はないと言わざるを得ない。従来から存在する会計システムを超える機能を有したブロックチェーンを導入したとして，定型外取引が生じた場合には，従来の簿記や会計システムに基づいて記録する必要があり，結果として，ブロックチェーンと会計システムの２つが要求されることになる。

このような分析から，ブロックチェーンは簿記の終焉をもたらす要因とはなり得ないと考える。ブロックチェーンは，簿記を代替する技術として理解するのではなく，企業が行う事業との関わりで用いられる技術として理解しなければ，その導入はなされないであろう。

（参考文献）

アンドレアス・M・アントノプロス著，今井崇也，鳩貝淳一郎訳（2016）『ビットコインとブロックチェーン　仮想通貨を支える技術』，NTT出版。

アンドレアス・M・アントノプロス著，今井崇也，鳩貝淳一郎訳（2018）『コンサイス版　ビットコインとブロックチェーン　仮想通貨を支える技術』，NTT出版。

アンドレアス・M・アントノプロス，ギャヴィン・ウッド著，宇野雅晴，鳩貝淳一郎監訳（2019）『マスタリング・イーサリアム―スマートコントラクトとDAppの構築』，オライリー・ジャパン。

岡田仁志（2018）『決定版　ビットコイン＆ブロックチェーン』，東洋経済新報社。

デイビット・ラター著，北尾吉孝編著（2017）「第４章⑪　R 3」『成功企業に学ぶ　実践フィンテック』，日本経済新聞出版社，181 − 193頁。

経済産業省（2015）「FinTech研究会　第５回発言メモ」。

セコム株式会社IS研究所・NEC編著（2018）『ブロックチェーン技術の教科書』，C&R研究所。

坪井大輔（2019）『WHY BLOCKCHAIN　なぜ，ブロックチェーンなのか？』，翔泳社。

東陽監査法人（2019）『内部管理の実務・2　購買・生産・販売プロセスの管理』，中央経済社。

トヨタ自動車（2020）「『トヨタ・ブロックチェーン・ラボ』，ブロックチェーン技術の活用検討と外部連携を加速化」，https://global.toyota/jp/newsroom/corporate/31827409.html.

中島真志（2017）『アフター・ビットコイン　仮想通貨とブロックチェーンの次なる覇者』，新潮社。

日本総合研究所（2018）「平成 29 年度我が国におけるデータ駆動型社会に係る基盤整備（分散型システムに対応した技術・制度等に係る調査）」。
野村総合研究所（2016）「平成 27 年度　我が国経済社会の情報化・サービスに係る基盤整備（ブロックチェーン技術を利用したサービスに関する国内動向調査）」。
ブロックチェーンハブ著，増田一之監修（2018）『実践ブロックチェーン・ビジネス』，日本能率協会マネジメントセンター。
PwC あらた有限責任監査法人（2018）『仮想通貨の会計・税務・監査』，中央経済社。
みずほ FG（2020）「【FinTech】ブロックチェーン技術を活用した『個人向けデジタル社債』の発行およびシステム基盤構築に向けた実証実験開始について」，https://www.mizuho-fg.co.jp/release/20200221release_jp.html.
森川夢佑斗（2018）『未来 IT 図解　これからのブロックチェーンビジネス』，MdN コーポレーション。
GXC World Pte. Ltd. *What is GXC.* https://company.gamexcoin.io/.
LIFULL（2020）「LIFULL，不動産セキュリティトークン発行スキームの実証実験を実施」，https://lifull.com/news/17110/.
Steemit, Inc. *Steemit FAQ.* https://steemit.com/faq.html#Why_are_people_getting_vastly_different_rewards.

（村上翔一）

第７章　手書会計とコンピュータ会計との差異

Ⅰ　はじめに

本章では，「AI時代に複式簿記は終焉するか」という問題意識の下で，このようなことが生じるのか否かを明確にする前提として，「コンピュータ会計化[(1)]」に伴う複式簿記の変容の内容を明確にするために，伝統的な手書会計と最新のコンピュータ会計との差異について検討していくこととする。

両者の差異を明確化するための前提として，ここではまず手書会計とコンピュータ会計について定義をしておきたい。ここにおいて伝統的な「手書会計[(2)]」とは，コンピュータを利用せず，手書きによって会計帳簿に日付順に取引の仕訳帳への仕訳・総勘定元帳への転記並びに会計帳簿や財務諸表の作成表示という簿記一巡の手続きを行うもののことである。他方，今日の「コンピュータ会計[(3)]」とは，コンピュータによって自動仕訳[(4)]機能等種々の機能を利用しながら仕訳帳や総勘定元帳等の会計帳簿や財務諸表の作成表示を行うもののことである[(5)]。このコンピュータ会計は，現在わが国の上場企業では標準

⑴　手書会計からコンピュータ会計へ移行すること。

⑵　ここでは，明治以降に西洋からもたらされた近代的な複式簿記に基づく会計で，コンピュータ会計以前のもののことをいう。また，手書きの伝票会計を含む。

⑶　これには，①「道具」の側面（コンピュータ），②「簿記理論」の側面（コンピュータ会計が簿記理論上どのような意義や特徴があるのかという側面）及び③「制度」の側面（帳簿記録の貯蔵媒体や財務諸表の開示の側面など）がある。

⑷　「自動仕訳」（AAJS：automatic accounting journalizing system）とは，一般に光学文字認識（OCR：optical character recognition）機能を持つスキャナー等を利用して，領収書や銀行通帳等の原始証憑から取引を読み込み，あるいは取引内容を選択することによって，コンピュータによって自動的に仕訳を行うことである。なお，仕訳と原始証憑の双方を電子的に記憶することによって，同時検索・参照ができる機能を備えるものもある。

⑸　岩崎［2018］8頁。

装備となっている[6]。

Ⅱ　手書会計とコンピュータ会計との差異

以下では，コンピュータ会計化に伴う複式簿記の変容の内容を明確にするために，手書会計とコンピュータ会計との主要な差異について明らかにしていくこととする。この場合，両者の差異の分析に当たり，分析の視点として，以下のものに着目している。

すなわち，まず，各々の会計で採用されている「記録システム」がどのようなものなのかを明確にし，次に，簿記会計上最も基本となる記録を行う目的（「記録目的」）の差異を分析する。これは記録の対象にも影響を及ぼすので，「記録対象」を確認する。また，この記録・入力をだれが行うのか，その「担当者」を明確にし，その処理をするのに当たり，何が「記録方法」として利用されるのかを明らかにする。そして，その仕訳がどのような方法（例えば，人間により通常の仕訳をする方法やコンピュータによる自動仕訳による方法）によって行われるのかという「仕訳法」を確認する。また，どのような「記録形式」（例えば，二面的把握に基づく二面的記録という形式か否か）が用いられるのかについて明確にする。この場合，その仕訳は，一か所で集中的に行われるのか，分散・分業してなされるのかという「処理の分業」について明らかにする。さらに，それが時間的に順次処理なされるのか否かという「処理順序」について見ていくこととする。

この記帳入力に当たりミスが生じるのか否かという「記録・計算ミスとそのチェック」の必要性に言及する。この場合，取引による仕訳における各「勘定の金額の増減」についての処理がどのように行われるのかを明確にする。そして，このように処理された結果をどのような「記録媒体」として保存していくのかについて見ていく。この際に，仕訳の「表示形式」について明らかにして

---

(6)　なお，極稀であろうが，中小企業の中には手書会計が行われている可能性を完全に排除することはできない。

いくこととする。最後に，その他の簿記の機能の側面から「財産管理」機能について，両者の差異を見ていくこととする。

上述の分析視点を前提として，両者の主要な差異等をまとめれば，表７－１のようになる(7)。

表７－１　手書会計とコンピュータ会計の差異等

項　　目	手　書　会　計	コ ン ピ ュ ー タ 会 計
① 記録システム	仕訳を出発点とする記録システム	勘定記入を出発点とする記録システム
② 記録目的	会計関係の目的（会計目的）	会計目的と業務目的との統合目的
③ 記録対象	簿記会計上の取引	簿記会計上の取引とその他の取引・事象
④ 担当者	会計専門家	・ 会計専門家又は素人 ・ AI等により機械が自動仕訳
⑤ 記録方法	人（手書き）	機械（コンピュータ処理）
⑥ 仕訳法	会計専門家による通常の仕訳	・ 会計専門家による通常の仕訳 ・ 素人等による自動仕訳
⑦ 記録形式	二面的記録	・ 二面的記録（ないし一面的記録*1）
⑧ 帳簿組織	相互関連的で有機的な帳簿組織	・ 作成の側面：相互無関係的な帳簿組織 ・ 結果の側面：相互関連的で有機的な帳簿組織
⑨ 処理の分業	特殊仕訳帳等を利用して分業	・ クラウド等を利用して分業 ・ リアルタイム会計やリアルタイム経営
⑩ 処理順序	順次処理	同時処理
⑪ 記録・計算ミス	記録・計算ミス共にあり。要チェック	・ 入力ミスあり：要チェック ・ （基本的に）計算ミスなし：チェック不要
⑫ 増減	貸借	増減
⑬ 記録媒体	紙	磁気（紙）
⑭ 仕訳の表示形式*2	貸借表示	貸借表示
⑮ 財産管理	財産管理機能	・ 財産管理機能（高度化　効率化） ・ リアルタイム会計やリアルタイム経営

＊1　説が分かれる。
＊2　仕訳に関する表示。

(7)　これについては，岩崎［2017］29 － 35 頁及び岩崎［2018］8 － 13 頁を参照されたい。

(1) 記録システム

① 概　　要

まず，記録システムとしての会計システムの捉え方には，表７－２，図７－１のように，「勘定記入を出発点とする記録システム」と「仕訳を出発点とする記録システム」という二つのものが考えられる(8)。

表７－２　記録システムとしての会計システムの捉え方

出　発　点	内　　容
①　勘定記入	勘定記入を出発点とする記録システム
②　仕訳	仕訳を出発点とする記録システム

そして，前者の「勘定記入を出発点とする記録システム」と捉える場合には，ある「勘定の記入」のみに注目し，必ずしも相手勘定を想定しなくてもよいので，複式簿記のみならず，単式簿記とも結びつきうるであろう。また，後者の「仕訳を出発点とする記録システム」と捉える場合には，二面的把握という思考に基づく二面的記録としての仕訳を想定するので，複式簿記が適合するであろう。

そこで，会計システムがどのような記録システムであるのかについて，伝統的な手書会計では，複式簿記に基づく仕訳を出発点として，それを総勘定元帳に転記し，さらにそれを基礎として試算表や財務諸表を作成するという仕訳を出発点とする記録システムであった。他方，現代のコンピュータ会計では，次の「情報の分割と結合（総合化）」で説明するように，1つの個別取引を分割・細分化して入力し，活用するという仕訳以前の勘定記入を出発点とする記録システムであると考えられる。そして，この入力データが会計帳簿や財務諸表に紐づけられている。

---

(8)　高須［2018］34頁。

図７－１　記録システムとしての会計システム

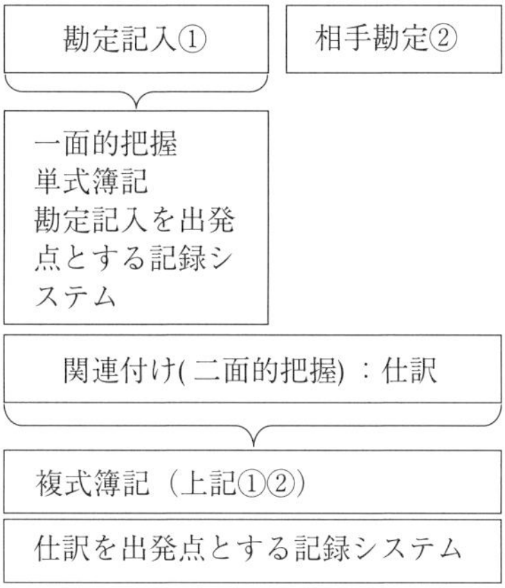

②　情報の分割と結合（総合化）

この場合，コンピュータ会計の特徴として，情報の分割と結合（総合化）という二側面が挙げられる。すなわち，第１の「情報の分割」については，コンピュータの特質として，例えば，日付や借方・貸方の勘定科目のように，１度入力すれば，同じ個別データが，必要に応じて何回でも利用可能である[9]。そこでは，一つの全体としての取引に関する情報をその構成要素（データ）へ分割（「情報分割」ないし「情報細分化」）して入力し，活用しており，これによって，（二面的把握思考による仕訳を出発点とする記録システムではなく），前掲図７－１のように，「勘定記入を出発点とする記録システム」が自然と成立しうる。これを基礎として会計目的ばかりでなく，業務目的も達成可能なものとなしうる。他方，第２の「情報の結合」（総合化）については，前述のように，単なるデータとして入力された情報を，例えば，取引の「仕訳」として表示するというように，一定の意味のあるものとして表示するために，情報の結合（総合化）が必要になる。すなわち，複式簿記の場合には，取引の内容を示すために，二面的把握という思考に基づく関連付けが行われ，二面的記録としての仕訳として

⑼　簿記的には，「多重転記」とでも表現され得る。

示される。この関連付けを行うのは，周知のとおり，ソフトウェアである。そして，従来の手書会計の場合のように，もしこの仕訳の段階を出発点とする場合には，「仕訳を出発点とする記録システム」となる(10)。

⑵　記録目的

まず簿記会計上，その最も基本にある「会計帳簿への記録・入力を行う目的」について，手書会計では，基本的に会計及び会計関係の記録すなわち広い意味で会計関係についての記録を行うことを目的として，それを行って来ている。他方，コンピュータ会計では，例えば，ERP(11)システムの導入にみられるように，会計関係のものばかりでなく，さらに業務関係(12)に関する記録（「業務目的」）を統合的に行う（「会計目的＋業務目的」）ために，入力が行われている。このように，記録目的については，従来の手書会計においては，基本的に会計目的であるのに対して，現在のコンピュータ会計では，会計目的と業務目的とが統合されたものというように，歴史的には，記録目的は，「会計目的→会計目的＋業務目的（会計・業務統合目的）」へと拡大されている。

この場合，会計・業務統合目的を達成するために，従来の会計目的と比較して，表7－3のように，次の2点において相違がみられる。第1は，業務目的も同時に達成するために，従来の会計情報に，業務に関連する情報が追加されている（「情報追加」），ということである。第2は，コンピュータ会計によって

⑽　XBRL（GL）は，借方貸方の勘定を最初から前提としているものと考えられる。

⑾　ERP（enterprise resources planning）とは，統合基幹業務システムや統合業務パッケージ等とも呼ばれ，企業経営の基本となる人・物・金・情報という経営資源を統合的で効率的に配分し，活用・管理するためのシステムパッケージのことである。

⑿　ここで簿記・会計・業務との関連については，「簿記」は，基本的に財務諸表の作成すなわち資産・負債・純資産（持分）・収益・費用項目の増減変化に関するものである。他方，「会計」は，一定の目的に従って，どのように認識・測定・記録・表示すべきかを規定する理論であり，簿記で作成される財務諸表の他に，注記等を含むものである。すなわち，基本的に経済価値の増減変化を捉える財務諸表や注記に関するものである。そして，「業務」とは，会計以外の業務活動に関するものである。なお，厳密にはこれについては，会計に関連数値を提供する「会計関連業務」と，それ以外の「会計無関連業務」とがある。

業務目的も同時に達成するために，例えば，日付のように，同じ情報を何度でも利用(13)できるように，取引に関する情報をその構成要素へ分割していること（「情報分割」ないし「情報細分化(14)」）である。

表７－３　会計・業務統合目的のための特徴

会計・業務統合目的	①　情報追加：業務目的を達成するために，業務目的の情報が新たに追加されること
	②　情報分割：コンピュータを利用することによって，情報がその構成要素へ分割されること

(3)　記録対象

上述の記録目的とも関係するが，そこで，会計上における記録の対象となるもの（「取引」）すなわち「記録対象」について，手書会計では，記録の目的が基本的に「会計目的」に限定されるので，記録対象も，基本的に簿記会計上の取引に限定される。他方，コンピュータ会計では，記録目的が会計目的と業務目的の統合目的なので，記録対象も簿記会計上の取引ばかりでなく，その他の業務目的の取引・事象（「会計上の取引＋業務上の取引・事象」）についてもその記録対象となる。そして，そこで記録されるデータや情報は，会計目的の「財務データ」や「財務情報」とそれ以外の業務目的の「非財務データ」や「非財務情報」となる。

したがって，記録対象は歴史的に，「会計上の取引→会計上の取引＋業務上の取引・事象」というように拡大してきている。

(4)　担　当　者

会計記録ないし入力を行う「担当者」について，表７－４のように，従来の

(13)　会計的な思考で表現すれば，一つの情報を多くのところへ転記（活用）していく「多重転記」を想定できる。

(14)　なお，取引管理のためには，この分割・細分化された情報を，一つの取引の全体として結合し，「総合化」しなければならない。

手書会計では，一般に簿記に関する基本的な知識を持っている者すなわち簿記会計の専門家（「会計専門家」ないし「会計担当者」）が担当していた。他方，今日のコンピュータ会計では，従来通り簿記会計の専門家であることが一般的であると考えられるけれども，簿記会計に関する専門知識をまったく持たない「素人」が自動仕訳等に関する入力をすることも珍しくなくなってきている。さらに，クラウド⒂等を利用した（機械による）自動仕訳すなわち人間の関与がなく，例えば，銀行の入出金の記録から（起票さえ行わないで）AI等が自動的に仕訳をするもの，すなわち会計担当者や会計専門家が関与しない入力方法も珍しくなくなってきている。

表７－４　記録の担当者

⑴　人	①　会計専門家
	②　素人
⑵　機械	（AIやクラウド等を利用した）機械*1

＊1　起票等さえ不要なもの。

したがって，記録担当者は歴史的に，「会計専門家→素人→AI等によるコンピュータ」というように変化してきている。

⑸ 記録方法

会計記録を行う方法（「記録方法」）ないし手段（「処理手段」）について，従来の手書会計では，コンピュータ等の機械を使用せずに，人の手つまり手書きによってすべての会計帳簿への記録及び財務諸表の作成表示を行ってきた。他方，現在のコンピュータ会計では，手ではなく，コンピュータという機械を利用して記録ないし会計処理すなわちすべての記帳及び財務諸表の作成表示を行っている。

したがって，記録方法は歴史的に，「手書き→コンピュータ」というように

⒂　クラウドコンピューティング（CC：cloud computing）の略で，コンピュータネットワークを基礎としたコンピュータ資源の利用形態のことである。これを利用した会計が「クラウド会計」である。

変化してきている。

⑹ 仕 訳 法

帳簿記入を行うに当たって，どのような「仕訳の方法」（仕訳法）を採用するかについて，従来の手書会計では，会計専門家によって手作業で簿記会計上の取引について複式簿記の根本思考（取引を二面的思考に基づき二面的に把握するもの：「二面的把握」）に基づき仕訳（二面的記録という「通常の仕訳」）を仕訳帳に記入してきている。他方，今日のコンピュータ会計では，従来と同様に，会計専門家により仕訳帳に仕訳を入力していく方法も行われているけれども，この他に，素人等により領収書，請求書や預金通帳等の証票から自動的に仕訳（「自動仕訳」[16]）等が行われるようになってきている。これによって，仕訳入力は専門家でなくてもよいこととなり，専門家による記帳・入力という従来の拘束から解放されている。

このように，仕訳法については，歴史的に「通常の仕訳→自動仕訳」へと変化してきている。

ただし，自動仕訳といっても，次のように，自動仕訳の入力者，範囲及び入力方法という３点について，注意が必要である[17]。

①　自動仕訳の入力者

第１に注意すべきことは，「自動仕訳の入力者」である。すなわち，自動仕訳の入力者については，前掲表７－４のように，人の場合と機械の場合とがある。そして前者の人の場合には，さらに会計専門家による場合と素人の場合とがある。また，後者の場合には，AIやクラウド等を利用した機械によるものがある。

②　自動仕訳の範囲

第２に注意すべきことは，「自動仕訳の範囲」である。これについて，表７

⒃　これに伴って，特に中小企業の「自計化」（外部に依存せず，企業自身で帳簿や財務諸表の作成をすること）が促進されている。

⒄　岩崎［2018］18－20頁を参照されたい。

－５のように，現在のところコンピュータ会計による自動仕訳の範囲は，すべての簿記会計上の取引が対象というわけではなく，日常的な決まった取引（「定型的取引」ないし「ルーティン化されている取引」）を対象とすることが一般的である。すなわち，例えば，期中における合併等の特殊な取引や期末の決算における退職給付引当金等の特殊で複雑な決算修正項目等（「非定型的取引」）は，一般に自動仕訳の範囲から除かれている。言い換えれば，自動仕訳という場合，正しく表現すれば，経常的に発生する「一部の定型的取引の自動仕訳」と表現する方が正確であろう。

表７－５　コンピュータによる自動仕訳の範囲

取引の種類	仕　　訳
①　定型的取引	自動仕訳
②　非定型的取引	通常の仕訳

③　自動仕訳の入力方法

第３に注意すべきことは，表７－６のように，自動仕訳を行う場合の「入力方法」である。これについて，次のような種々のものがある。

表７－６　自動仕訳の入力方法

①　選択的入力法
②　光学的入力法
③　AI的入力法

㋐　選択的入力法

これは，あらかじめ想定され設定された取引パターン［例えば，①現金売上げ，②手形売上げ等］の中から適切なものを選択し，金額等を入力すると自動的に仕訳されるタイプの入力法である。この方法は，あくまでも日常的に反復して経常的・定型的に発生する取引についての仕訳を，あらかじめ想定し，設定しておくものであり，ソフトウェアの利用によって，簿記についての専門的な知識を持っていなくても，手書等で行う通常の仕訳と同じように，相互に関係付けられた二面的把握等がなされ，通常と同じ（二面的記録としての）仕訳が自動的に行えるものである。

㋑　光学的入力法

これは，光学スキャナー等を使用して，データを読み込み，それを自動仕訳するタイプの入力法である。これにも種々の種類のものがある。例えば，紙媒体の領収書等をスキャナー等で読み取るOCRを利用したりして直接的に自動仕訳するもの等である。これについても，上述の選択的入力法と同様に，日常的に反復して経常的・定型的に発生する取引について，スキャナー等で読み取って自動仕訳するものである。

㋒　AI的入力法

これは，AI（とクラウドないしオンライン）を利用して自動仕訳を行う入力法である。すなわち，この方法は，（クラウドに接続された）データから，起票さえ行わずに，AIが自動的に判断を行い，自動仕訳を行うものである。これについても，上述の選択的入力法と同様に，基本的には日常的に反復して経常的・定型的に発生する取引[18]について，クラウド等を利用することによって自動仕訳するものである。

⑺　記録形式

①　概　　要

どのような形式で会計記録を行うのかという「記録形式[19]」それゆえ第１章で検討した「記録原理」について，表７－７のように，従来の手書会計においては，二面的把握という考え方に基づいて二面的把握と二面的記録としての仕訳，それゆえ，複式簿記（二面的把握→二面的記録→複式簿記）が行われてきた。言い換えれば，これは仕訳を出発点とする記録システムであり，それゆえ，複

⒅　非経常的・非定型的な取引については，AIはまだ正確にすべての仕訳ができないと考えられる。しかし，AIがより一層ディープラーニングをし，これらのものを正確に仕訳できる日もそう遠くはないであろう。

⒆　この議論については，岩崎［2018］20－24頁を参照されたい。

式簿記が記録原理や表示原理として使用されている。

表7－7　記録形式

手書会計	コンピュータ会計		
二面的記録＊1 (→複式簿記)	(1)　二面的記録 (→複式簿記)	—	—
—	(2)　一面的記録＊2	①　二面的把握	実質二面的記録 (→複式簿記)
		②　一面的把握	実質一面的記録 (→単式簿記)

＊1　仕訳を出発点とする記録システム。

＊2　勘定記入を出発点とする記録システム。

他方，今日のコンピュータ会計は，前述のように，基本的に勘定記入を出発点とする記録システムである。そして，ここにおける記録形式については，次の二つの考え方ができる。

第1は，会計専門家が会計記録のためにコンピュータ入力を行う場合や，従来の手書会計をそのままコンピュータ会計へ置き換えただけのコンピュータ会計の初期の段階でよく見られるような場合には，従来と同様に，二面的把握という考え方に基づく二面的記録としての仕訳，それゆえ，複式簿記（二面的把握→二面的記録→複式簿記）が行われていると考えられる。換言すれば，ここにおいては，従来と同様に，複式簿記が記録原理として使用されている。

第2は，素人がコンピュータを利用して自動仕訳をする場合や，AIやクラウドを利用した自動仕訳の場合には，表面的には素人等は会計専門家でなく，二面的把握を行っていないので，一面的記録と考えられる。そして，これを素直に解釈すれば，二面的把握がなされていないので，一面的把握とそれに基づく一面的記録すなわち単式簿記（一面的把握→一面的記録→単式簿記）が行われることとなる。換言すれば，これは，勘定記入を出発点とする記録システムであり，複式簿記ではなく，単式簿記が記録原理として使用されていると解することができよう。

②　一面的記録の長所と短所

上述のことを前提として，コンピュータ会計が一面的記録（すなわち単式簿記）で行われていると仮定した場合，その長所と短所を理論的に考察してみれば，表７－８のようになる。

表７－８　一面的記録の長所と短所*1

一面的記録の長所	一面的記録の短所
・　簿記の知識が必要でないこと ・　二面的思考が必要でないこと ・　手間や時間がかからないこと ・　素人であっても記録（入力）可能なこと等	・　貸借が一致しないこと ・　網羅性・秩序性に欠けること ・　取引全体としての取引管理等が行えないこと ・　網羅的で完全な貸借対照表項目や損益項目の管理が行えないこと ・　完全な財務諸表が作成できないこと ・　（不完全なので）信頼性が保てなくなること ・　他のシステムと整合性*2が取れないこと等

＊１　複式簿記の思考に基づかない純粋な一面的記録。
＊２　手書会計や（手書会計をただ単にコンピュータ会計に置き換えた会計専用の）コンピュータ会計等の他のシステムとの整合性。
（注）岩崎［2018］22頁（一部修正）。

そして，この複式簿記の思考に基づかない純粋に理論的な一面的記録についての長所としては，表７－８のように，データの入力時に，簿記の知識が必要ないこと等があり，他方，短所としては，貸借が一致しないこと等がある。言い換えれば，ソフトウェアの存在を考慮せず，素人等による自動仕訳を出発点とするコンピュータ会計によって，一面的思考と一面的把握に基づく一面的記録という単式簿記の処理がなされると仮定した場合には，取引全体としての取引管理(20)等及び完全な貸借対照表項目や損益項目の管理を行うことができず，それゆえ，網羅的で完全な財務諸表の作成ができなくなる。したがって，複式簿記がこれまで伝統的に果たしてきた，企業の経営状況を表示する完全な財務諸表の作成という複式簿記の基本目的を遂行することができず，実務に役立た

(20)　一つの取引の全体を一つの仕訳として表示し管理すること。

ない[21]。

③ 記録者の認識と簿記

ここで，コンピュータ会計におけるソフトウェアの存在を無視して，仮に会計帳簿に記録を行う記録者の認識のみに着目した場合の簿記との関連（「記録者の認識と簿記との関連」）について，もう一度，別な観点から次のようなケースを考えてみたい。

第1に，従来の手書会計の場合には，表7－9のように，会計専門家が会計的な専門知識を駆使し，二面的把握に基づく二面的記録としての仕訳を行うので，そこでは複式簿記が採用されていることとなる。第2に，素人が自動仕訳で記録する場合には，会計的専門知識を有せず，二面的把握がなされないので，1面的把握となり，そこでは単式簿記がなされるということとなろう。第3に，一切人間が関与せず，AIやクラウドなどの活用によって自動仕訳がなされる場合には，人間が関与せず，入力者の認識がそもそもないので，簿記ではない，ということが理論的には推論できる。しかし，このような入力者の認識のみに着目する推論は，明らかに誤りであり，前述のような「入力時における人間の認識とソフトウェアを同時に考慮する必要性があること」を理解できるであろう。

表7－9　記録者の認識と簿記との関連*

会計専門家	素　　人	AI等(機械)
複式簿記	単式簿記	(簿記ではない？)

＊　記録者の認識のみに着目し，ソフトウェアを完全に無視したケース。

④ ソフトウェアの活用と二面的記録

上述のように，素人等による自動仕訳については，コンピュータにおいてソフトウェアが使用されているので，両者を同時に考慮して，複式簿記との関係を考察することが必要である。言い換えれば，このソフトウェアをどのように

(21) 岩崎［2018］22頁。

捉えるかによって，結論が変化してくる可能性がある。

すなわち，ここにおいて，一面的把握に基づく一面的記録である単式簿記が採用され，行われていると仮定した場合，これを理論的な観点と実際に行われている実務の観点から検討する必要がある。つまり，これを理論的に考えた時には，前述のように，単式簿記では網羅的で完全な財務諸表を作成表示することができない[22]こととなる。他方，実務上では，周知のように，網羅的で完全な財務諸表の作成表示がなされている，という現実がある。このギャップをどのように考え，埋めたらよいのであろうか。

このように実務上完全な財務諸表の作成が可能となる理由は，上述の一面的記録の短所を補完するために，外側からは知ることができないブラックボックス化されたコンピュータ内部で，ソフトウェアが利用されているためである。つまり，コンピュータ会計においては，たとえ入力者が簿記の専門知識を持たない素人であり，また，表面的には一面的記録をしているように見えても，背後においてそれを補完するものとして，図７－２のように，ソフトウェアを利用することによって，貸借平均の原理を採用し，一つの取引を借方と貸方との間に「関連付け」（二面的把握と二面的記録）の処理を行っている，と考えられる。

図７－２　コンピュータ会計と二面的記録

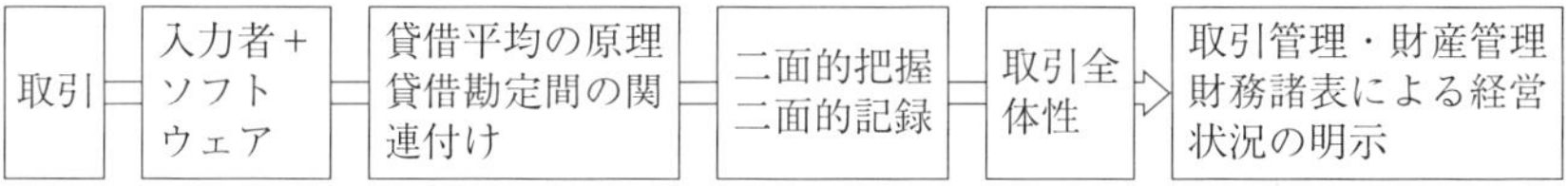

ここで特に大切なことは，㋐貸借平均の原理の採用と㋑取引の入力時における貸借勘定間の関連付け（二面的把握と二面的記録）である。この関連付けは，複式簿記の基本原理の一部を構成し，企業の経営状況を財務諸表によって明示するという複式簿記の基本目的の達成のためには，必須のものであると同時に，

(22)　すべての実在勘定と名目勘定とを持つ組織的単式簿記を想定した場合には，この網羅性は担保されるかもしれないけれども，貸借の相互関連付けがなされ，取引の全体（取引全体性）が示されなければ，経営管理や監査等で必要となる取引管理ができないと考えられる。もしこの貸借の相互関連付けも行い，取引全体が示されることを想定する場合には，それは，単式簿記ではなく，複式簿記であると考えられる。

期中に行われた個別の取引の全体（取引全体性）を仕訳の形で示すことによって取引管理や財産管理という経営管理を可能にし，かつ会計監査及び税務調査のためにも必須のものである(23)。

⑤ 入力時の関連付けの根拠

これまで，期中において発生した取引の「入力時に関連付けがなされていること」を前提として，議論がなされてきたが，これについての間接的な根拠は，次のとおりである。

㋐ 入力時に関連付けがなされないと，取引時点における取引の全体（取引全体性）が明示されず，取引管理や財産管理を行いえず，また後で行われる会計監査・税務調査等に耐えられないこと

㋑ 入力時に関連付けがなされないと，後から関連付けが行われないので，不完全な記録となること。それゆえ，このような場合には，取引の網羅性や完全で適正な財務諸表の作成が保証されないこと

㋒ （反対に表現すれば，実務上コンピュータ内部でソフトウェアの活用によって，入力時に関連付けがなされているので）取引管理や財産管理が可能となり，かつ網羅的で完全な財務諸表の作成がなされていること。

⑥ 網　羅　性

ここで網羅性には，表7－10のように，二つのレベル（「網羅性の二つのレベル」）がある。すなわち，第1は，期中における個別の「取引レベルの網羅性」（取引内容を適切に示すために，必要なものはすべて取引の内容表示に入れることと，反対に取引内容を適切に示すために不必要なものはすべて排除すること）であり，第2は，期末における「財務諸表レベルの網羅性」（期末における財務諸表の表示レベルにおいて，財務諸表を適正に示すために必要なものはすべてそれに入れることと，反対に財務諸表を適正に示すために不必要なものはすべてそこから排除すること）である。

---

(23) 岩崎［2018］23－24頁。

表7－10　網羅性の二つのレベル

第1レベル	期中	取引レベルの網羅性
第2レベル	期末	財務諸表レベルの網羅性

⑦　取引管理

したがって，表面的には，勘定記入を出発点とする記録システムとして，一面的把握に基づく一面的記録（単式簿記）のように見えるけれども，ソフトウェアを利用し，実質的には，貸借平均の原理の採用と取引の貸借勘定間の関連付けによって，二面的把握と二面的記録による仕訳を行い，これによって，信頼性のある取引管理や財産管理並びに完全な財務諸表の作成表示という複式簿記の基本目的を遂行している。と同時に，会計監査や税務調査に耐えうるものとなっている。

このように，「複式簿記による取引管理」（仕訳管理）は，表7－11のように，取引の存在を前提として，その取引を，複式簿記によって，貸借平均の原理を採用し，また原因と結果等の観点から貸借項目間の関連付けを行い，二面的把握と二面的記録によって，取引の全体を一つの仕訳として示し，管理するものである。

表7－11　複式簿記における取引管理

・　取引の存在（信頼性）【前提】
・　貸借平均の原理（金額面）
・　二面的把握と二面的記録としての仕訳（勘定科目と金額面）
・　取引の全体の明示（取引全体性・網羅性）

この意味で，個々の取引について二面的把握の思考に基づき取引全体性を示す取引管理（仕訳管理）は，複式簿記にとってアンカーとしての役割（「アンカーとしての取引管理」）を果たしている。

それゆえ，表面的な入力者の思考のみに焦点を当てるのではなく，ソフトウェアによる補完機能を含めた全体の観点からみることが必要であり，この観点からは，コンピュータ会計は，実質的な観点からすれば，一面的な把握と一面的記録に基づく単式簿記ではなく，貸借平均の原理の採用と取引の貸借勘定間の関連性を持たせた二面的把握と二面的記録に基づく複式簿記であると考えられる(24)。言い換えれば，ここにおいては，複式簿記が記録原理として使用されている。

したがって，ソフトウェア等の全体を考慮した場合には，記録形式は歴史的に，二面的記録が継続していると考えられるであろう。

(8) 処理の分割

企業では，業務の種類や業務量が増えると，業務の分割が行われることが多い。また，例えば，クラウド等のICTの高度の発展によって，営業員等が現場でその業務内容をコンピュータ，スマホやPOSシステム等によって，どこでも入力することが可能となっている。このような業務の分割等に伴って，記帳の分割が行われることも珍しくない。このように会計記録を行う際に，どの程度の「処理の分割」が行われるかについて，手書会計においては，業務の分割に伴って，例えば，購入業務を担当する購入担当部署において，特殊仕訳帳を利用して，仕入帳や仕入先元帳等を独立的に管理し，そこから仕入や買掛金に関する情報を経理課等に送付するような場合のように，記帳処理の分業化がなされてきた(25)。他方，今日のコンピュータ会計では，コンピュータの処理能力やクラウド技術等の飛躍的な向上に伴って，益々処理の分業化が進展している。すなわち，特にERPシステムが導入され，例えば，販売管理システムから売り上げデータが自動入力されるように，様々なシステムが連動して自動入力する場合等である。このような場合には，取引の発生事実が即時に帳簿等に反映されるリアルタイム会計及びこれに基づくリアルタイム経営が可能となっている。

したがって，処理の分割は歴史的に，「手書会計による処理の分割→コンピュータ会計による処理の分割」というように変化してきている。

---

(24) 同上論文，23 － 24 頁。

(25) 伝票会計では，五伝票制等を採用して，処理の分業・分化を行ってきた。

(9) 処理順序

簿記的な処理を行う順序（「処理順序」）について，従来の手書会計では，簿記手続きの一巡通りに，期中の取引発生時点において仕訳帳への仕訳→総勘定元帳への転記→（試算表の作成→）財務諸表の作成という時間的な順序（「順次処理」）で行われてきた。それゆえ，この方法による場合には，次の段階へ進む場合には，前の処理がなされていることが前提となる。他方，現在のコンピュータ会計では，コンピュータの処理能力の飛躍的な向上とソフトウェアの利用によって，期中の取引発生時点において入力がなされると，それがデータベースに蓄積され，入力と同時に，仕訳帳・総勘定元帳・（試算表）・財務諸表の作成（「同時（リアルタイム）処理」）ができる。それゆえ，この方法による場合には，入力さえ済んでしまえば，期中の帳簿記入や財務諸表の作成等について必ずしも前の処理が前提とされない。

したがって，処理順序については，歴史的に，「順次処理→同時処理」というように変化してきている。

(10) 帳簿組織

帳簿組織について，従来の手書会計では，処理順序が，前述のように，順次処理であるので，簿記手続きの一巡通りに，期中の取引発生時点において仕訳帳への仕訳→総勘定元帳への転記→（試算表の作成→）財務諸表の作成という時間的な順序で行われてきた。それゆえ，この方法による場合には，次の段階へ進む場合には，前の処理がなされていることが前提となる。それゆえ，このようにして作成される帳簿組織は，相互関連性があり，有機的に結びついている。他方，現在のコンピュータ会計では，コンピュータの処理能力の飛躍的な向上とソフトウェアの利用によって，同時（リアルタイム）処理が可能となっている。すなわち，期中の取引発生時点において入力がなされると，それがデータベースに蓄積され，入力と同時に，仕訳帳・総勘定元帳・（試算表）・財務諸表の作成ができる。それゆえ，この方法による場合には，入力さえ済んでしまえば，期中の帳簿記入や財務諸表の作成等について必ずしも前の処理が前提とされない。したがって，このようにして作成される帳簿組織についても，作成の側面においては，相互関連性がないものとなっている。ただし，作成された結果の側面を見れば，帳簿組織に一定のルールに基づいた秩序性を有し，相互関連性が見られるものとなっている。

⑾ 記録・計算ミス

記録・計算ミスとそのチェックについて，従来の手書会計では，人間の手書きによって記録・計算が行われるので，これらの二つのミスは避けられず，これらのチェックは必須なものであった。そこで，これらのミスをできる限り早期に発見することが重要視されて来た。これらのミス，特に計算ミスの発見に役立つ簿記上の仕組みが「貸借平均の原理」である。これは，仕訳や財務諸表上貸借金額が一致しない場合に，どこかに誤りがあることが，自動的に分かる仕組み（「自動検証機能」）である[26]。他方，現在のコンピュータ会計の場合においても，入力ミスは避けられない。それゆえ，入力が正確になされているか否かについて，例えば，簿記会計について専門的能力を持つ経理部長等の会計専門家がチェックをする必要がある。他方，計算ミスについては，ソフトウェアが完全であり，かつコンピュータが正常に作動することを前提とする場合には，計算ミスは生じない。それゆえ，このような前提が確保される場合には，計算ミスのチェックをする必要はない。

したがって，記録・計算ミスに関するは歴史的に，「記録・計算ミス→入力ミス」とそのチェックというように変化してきている。

⑿ 勘定科目金額の増減

各勘定科目金額の増減について，従来の手書会計では，貸借平均の原理に基づいて仕訳を左右（借方・貸方）に分けて増減を示してきている。他方，現在

---

(26) 高須［2018b］68頁。

のコンピュータ会計では，従来と同様な処理を行うこともできるが，基本的にはそうしないで，資産金額等の増減で処理している。しかし，従来の手書会計の貸借表示は，資産金額等の増減を意味しているので，両者において実質的な意味の違いはない。

したがって，勘定科目金額の増減は歴史的に，「貸借表示→増減処理」というように変化してきている。

⒀　記録媒体

取引を記録する帳簿等の「記録媒体」について，従来の手書会計では，紙による帳簿や伝票という形で保存される。他方，現在のコンピュータ会計では，文章等のデータを保存しておくものをストレージといい，これには，例えば，磁気によるパソコン，ハードディスク（HDD），USBメモリ，光学ディスクやクラウド上での保存[27]などがある。しかもその保存形式は，「会計システム上でも，かならずしも仕訳帳や総勘定元帳と同じ形式で構築されておらず，いくつかのものにバラバラに存在していたりする」（坂上［2017］28頁）。

したがって，記録媒体は歴史的に，「紙→磁気」というように変化してきている。

⒁　仕訳の表示形式

仕訳の表示形式について，従来の手書会計では，仕訳帳上においては，貸借表示の仕訳が示されている。他方，現在のコンピュータ会計では，手書きの場合と同じようなものとなっている。これは，取引の仕訳の仕方として，従来の貸借表示の仕方が専門家の間で標準となっており，これによって取引管理や財産管理が行えると同時に，会計監査や税務調査に耐えうるようになるからである。ここにおいては，複式簿記が表示原理（表現論理）として使用されている。

⒇ クラウド上での保存とは，クラウドストレージにデータを保存することである。このとき，そのデータは，データを保存しておくための（ファイル）サーバーに保存されている。

したがって，仕訳の表示形式は歴史的に，貸借表示で一致している。

⒂ 財産管理

簿記は，発生当初からその重要な機能の一つとして財産の増減変化とその結果を計算表示する機能（「財産管理機能」）が備わっている。この財産管理機能について，従来の手書会計では，例えば，商品等の財産がどのように増減変化し，その結果として現在いくらあるのかを商品有高帳等で管理してきた。他方，現在のコンピュータ会計では，これらの管理をコンピュータの利用によってより迅速かつ効率的に行っており，しかもこれが高度に発達し，自動仕訳やクラウドを使用したSAP[28]のERPシステム等によってリアルタイム会計ができると同時に，そのデータを用いてリアルタイム経営も行えるようになっている。特にERPシステムにおいては，会計関係のみならず，その他の業務関係のものまで統合的に管理していくものとなっている。

したがって，財産管理は歴史的に，「手書きによる財産管理→コンピュータによる財産管理」というように変化してきている。

Ⅲ むすび

以上のように，ここでは，コンピュータ会計化に伴う複式簿記の変容の内容を明確にするために，主に会計の機能的側面で，かつ技術的な側面における伝統的な手書会計と最新のコンピュータ会計との差異についての検討によって，次のようなことが明らかにされた。すなわち，両者において異なるものがほとんどであるけれども，同様なものもある。

両者の間で同様のものには，前掲表７－１のように，仕訳帳の表示形式については，両者の間で差異はない。

他方，両者の間で異なるものには，表７－１のように，記録システム，記録

⒅ ドイツのSAP社が提供しているERPパッケージのことである。

目的，記録対象，担当者，記録方法，仕訳法，処理順序，計算ミス，勘定科目金額の増減，記録媒体等がある。

このように，会計の機能的で，技術的な側面については，コンピュータ会計化に伴って複式簿記に大きな変容がみられる。

（参考文献）

岩崎　勇［2017］「コンピュータ会計の発展に伴う複式簿記の変容について」『經濟學研究』第 84 巻第 2・3 合併号，25 － 43 頁。

――――［2018］「自動仕訳等のコンピュータ会計化に伴う複式簿記の変容について－資産負債アプローチとの関係において－」『財務会計研究』第 12 号，1 － 31 頁。

坂上　学［2017］「帳簿の電子化と複式簿記の役割」日本簿記学会第 33 回関西部会資料，1 － 33 頁。

高須教夫［2018a］「岩崎勇『自動仕訳等のコンピュータ会計化に伴う複式簿記の変容について－資産負債アプローチとの関連において－』」『財務会計研究』第 12 号，32 － 35 頁。

――――［2018b］「複式簿記システムの変容－情報処理システムとしての複式簿記の単式簿記化－」『日本簿記学会年報』第 33 号，68 － 70 頁。

（岩崎　勇）

第8章　コンピュータ会計化に伴う複式簿記の変容

Ⅰ　はじめに

本章では，「AI時代に複式簿記は終焉するか」という問題意識の下で，このようなことが生じるのか否かを明確にする前提として，従来の手書会計からコンピュータ会計に情報処理システムの変化してきたこと（「コンピュータ会計化」）に伴う複式簿記の変容の内容を明確にする。と同時に，それに伴って，AI時代に複式簿記は終焉するかを明確にすることとする。すなわち，コンピュータ会計化に伴う複式簿記の変容という観点から複式簿記の終焉の有無を判断しようとするものである。言い換えれば，コンピュータ会計化に伴って，複式簿記が従来持っていたその根本的な特質としての原理的な特徴を維持できなくなっている時には，複式簿記が終焉していると判断できるであろう。反対に，コンピュータ会計化に伴っても，複式簿記が従来持っていた原理的な特徴を維持している時には，複式簿記が終焉していないと判断できるであろう。

Ⅱ　コンピュータ会計化に伴う複式簿記の変容

1　複式簿記の変容の分析視点

ここでは，従来の手書会計からコンピュータ会計へ情報処理システムの変化に伴う複式簿記の変容の内容について明確にしていくこととする。

なお，この複式簿記の変容については，その分析視点として，表8－1のように，①複式簿記の具体的な役割や形式という「機能」の観点と，②複式簿記の基本的な仕組みである「原理」の観点という二つのものに分けて検討することが有用である(1)。というのは，複式簿記への影響といっても，手書会計からコンピュータ会計へと変遷することによって，変化する側面と変化しない側面の双方が考えられるからである。そして，もし複式簿記の原理的な側面までもが変化しているとすれば，もはや複式簿記は維持されていないといえるであろう。このような問題意識をもって，以下では，この分析を進めることとする。

表８－１　複式簿記の変容の分析視点

視　　点	側　面	内　　容
複式簿記の変容の分析視点	機能的側面	①　どのような会計理論・会計目的に従うのか ②　どのような勘定科目を採用するか ③　どのような測定属性で認識・測定するか ④　どのような表示を行うのか等
	原理的側面	①　発生時点での継続記録 ②　二面的把握 ③　実在勘定と名目勘定の使用 ④　財政状態と経営成績の明示 ⑤　二重の利益計算 ⑥　継続記録に基づく誘導法による貸借対照表等の作成

2　複式簿記の機能の変容

複式簿記の機能ないし果たす役割は，その時代の社会経済的ないし会計的な要請に応じて変化する。すなわち，従来の手書会計から現在のコンピュータ会計への変化に伴って，複式簿記の機能ないし果たす役割も変化するものと考えられる。ここに「機能」とは，その時代の要請に応じて果たす具体的な役割や形式のことである。より具体的には，前掲表８－１のように，貸借対照表の機能とは，例えば，その時代の要請に応じて，どのような会計理論や会計目的に従うのか，どのような勘定科目を採用するか，どのような表示を行うのか等のようなものである。

ここではまず，複式簿記の機能の観点から複式簿記の変容の内容を明確にす

(1)　岩崎［2018］24 － 25 頁，石川［2011］203 － 204 頁。

ることとする。この場合，さらに，この内容を，①「会計の変化」に伴って生じた複式簿記の機能の変容という理論的な側面の議論と，より限定された②「従来の手書会計から現在のコンピュータ会計への進展」すなわち「コンピュータ会計化」に伴って生じた複式簿記の機能の変容という主に技術的な側面の議論とに分けて検討していくこととする。なぜならば両者の間に質的な違いがあるからである。なお，この後者の内容については，既に第７章「手書会計とコンピュータ会計との差異」についてのところで分析している内容と基本的に重複すると考えられるので，これらについては，要点だけを示すこととする。

⑴　会計の変化による変容

まずここでは，複式簿記の機能の変容を，「会計の変化」の観点から検討することとする。これについての主要なものには，例えば，表８－２のようなものがある。

①　会計理論の変容

従来の会計ビッグバン以前においては，会計全体の基本的な考え方としての会計観ないし利益観として，基本的に収益費用アプローチ（ないし発生主義会計）よって会計上の処理がなされていたのに対して，会計ビッグバン以後においては，会計の国際化や統合化の一層の進展に伴って，資産負債アプローチへ移行しつつある。これに伴って，近年多くの会計基準の改訂が行われてきており，簿記会計上の計上項目や測定基礎等が変更されてきている。

②　勘定科目の変容

上述⑴会計理論の変化に伴って，そこで計上される勘定科目も変化している。例えば，従来において「退職給与引当金」として計上されたものが，現在では内容の変化を伴いながら「退職給付引当金」へとその勘定科目も変化している等である。

③　測定属性の変容

上述①会計理論の変化に伴って，そこで認識測定される測定属性も変化している。例えば，従来において退職給与引当金は原価を基礎として計上されてきたのに対して，現在の退職給付引当金については時価を基礎として計上されている等である。

④　表示利益の変容

上述①会計理論の変化に伴って，そこで表示される財務業績としての利益も変化している。すなわち，例えば，従来においては財務業績としての純利益が損益計算書上で表示されて来たのに対して，現在では包括利益が包括利益計算書上で表示されている等である。

表8－2　会計の変化による複式簿記の変容

会計の変化	具　　体　　例
①　会計理論の変容	収益費用アプローチから資産負債アプローチへ移行しつつあること等
②　勘定科目の変容	「退職給与引当金」から「退職給付引当金」へ等
③　測定属性の変容	原価から時価へ等
④　表示利益の変容	損益計算書上での純利益の表示から包括利益計算書上での包括利益の表示へ等

(2)　コンピュータ会計化による変容

次にここでは，複式簿記の機能の変容を，より限定された技術的な視点である「コンピュータ会計化による変容」の観点から検討することとする。これについての主要なものには，例えば，表8－3のようなものがある。

①　記録システム

記録システムについて，従来の手書会計においては，仕訳を出発点とする記録システムであったのに対して，最近のコンピュータ会計においては，勘定記入を出発点とする記録システムへと変化してきている。したがって，記録システムは歴史的に「仕訳を出発点とする記録システム→勘定記入を出発点とする記録システム」というように変化してきている。

② 記録目的

記録目的については，従来の手書会計においては広い意味での会計目的であったのに対して，現在のコンピュータ会計では，例えば，ERPシステムの導入等に伴って，会計目的と業務目的とが統合されており，より広範なものへと変化してきている。したがって，記録目的は歴史的に「会計目的→会計・業務統合目的」というように変化してきている。

③ 記録対象

記録対象については，上述①記録目的との関係から，従来の手書会計では，簿記会計上の取引がその記録対象であったのに対して，現在のコンピュータ会計では，会計と業務の統合的な管理の観点から，簿記会計上の取引とその他の業務上の取引・事象がその記録対象となっている。したがって，記録対象は歴史的に「会計上の取引→会計上の取引＋業務上の取引・事象」というように変化してきている。

④ 担当者

簿記上の帳簿記録をする担当者については，従来の手書会計においては，簿記に関する基本的な知識を持っている会計専門家が記録を行っていたのに対して，現在のコンピュータ会計では，このような専門家の他に，素人が行ったり，又は入力に人間が関与しないで，AIやクラウド等を活用したコンピュータ（機械）による自動仕訳も多くなってきている。したがって，記録担当者は歴史的に「会計専門家→素人→AI等による機械」というように変化してきている。

⑤ 記録方法

帳簿記録を行う記録方法（処理手段）については，従来の手書会計では人間の手すなわち手書きによって帳簿記録等を行っていたのに対して，現在のコンピュータ会計では，機械すなわちコンピュータを利用して記録処理等を行っている。したがって，記録方法については歴史的に「手書き→コンピュータ」というように変化してきている。

⑥ 仕訳法

帳簿記入を行うに当たってどのような「仕訳の方法」（仕訳法）を採用するか

について，従来の手書会計では，専門家によって手作業で複式簿記の思考に基づく仕訳（「通常の仕訳」）が仕訳帳に記入されてきた。他方，今日のコンピュータ会計では，従来と同様に，専門家により仕訳帳に仕訳を入力していく方法も行われているけれども，この他に，素人等により領収書等の証票から自動的に仕訳（「自動仕訳」）等が行われるようになってきている。このように，仕訳法に関しては，歴史的に「通常の仕訳→自動仕訳」へと変化してきている。

⑦ 処理順序

簿記的な処理を行う順序（「処理順序」）に関して，従来の手書会計では，簿記手続きの一巡通りに，仕訳帳への仕訳→総勘定元帳への転記→財務諸表の作成という時間的な順序（「順次処理」）で行われてきた。他方，現在のコンピュータ会計では，データベースへの入力を行うと同時に，仕訳帳・総勘定元帳・財務諸表の作成表示ということ（「同時（リアルタイム）処理」）ができる。それゆえ，この方法による場合には，入力さえ済んでしまえば，必ずしも従来のような前の処理が前提とされないこととなる。したがって，処理順序については歴史的に「順次処理→同時処理」というように変化してきている。

⑧ 記録・計算ミス

記録・計算ミスとそのチェックに関して，従来の手書会計では，人間の手書きによって記録等が行われるので，これらの二つのミスは避けられないし，そのチェックも必須であった。他方，現在のコンピュータ会計の場合においても，入力ミスは避けられない。一方，計算ミスに関しては，ソフトウェアが完全であり，かつコンピュータが正常に作動することを前提とした場合には，計算ミスは生じない。それゆえ，このような前提が確保される場合には，計算ミスのチェックをする必要はない。したがって，記録ミス等については歴史的に「記録・計算ミス→入力ミス」というように変化してきている。

⑨ 記録媒体

取引を記録する帳簿等の「記録媒体」に関して，従来の手書会計では，紙による帳簿や伝票という形で保存されてきた。他方，現在のコンピュータ会計では，データを保存しておくものには，例えば，磁気によるパソコン，ハードディスク（HDD），USBメモリ，光学ディスクやクラウド上での保存等がある。したがって，記録媒体については歴史的に「紙→磁気」というように変化してきている。

表 8 － 3　コンピュータ会計化による複式簿記の機能の変容

項　　　　目	手　書　会　計	コ　ン　ピ　ュ　ー　タ　会　計
①　記録システム	仕訳を出発点とする記録システム	勘定記入を出発点とする記録システム
②　記録目的	会計目的	会計＋業務統合目的
③　記録対象	会計上の取引	会計上の取引＋業務上の取引・事象
④　記録担当者	会計専門家	会計専門家・素人・機械（無人：自動）
⑤　記録方法	手書き	コンピュータ
⑥　仕訳法	通常の仕訳	通常の仕訳＋自動仕訳
⑦　処理順序	順次処理	（順次処理・）同時処理
⑧　記録・計算ミス	記録・計算ミス：要チェック	入力ミス：要チェック
⑨　記録媒体	紙	磁気（・紙）

このように，複式簿記の機能の側面においては，その時代の会計的ないし社会経済的な要請に応じて，例えば，会計理論の変化に伴う複式簿記の変容のように，「会計の変化による複式簿記の変容」のみならず，例えば，記録目的の変化に伴う複式簿記の変容というように，「コンピュータ会計化による複式簿記の変容」も生じていること明確化された。

3　複式簿記の原理の変容

前述のように，複式簿記の機能の側面においては，その内容に大きな変容がなされていることが明確にされた。そこで，次にここでは，複式簿記における原理的な側面の変容の有無について明確にしていくこととする。

ここで「複式簿記の原理」とは，複式簿記を構成する基本的な仕組みのことである。これには，例えば，①発生時点での継続記録，②（複式簿記の根本的な特徴として）一つの取引を因果関係等に従って二面的に捉え，二面的に記録すること，③勘定科目として貸借対照表上の実在勘定たる資産・負債・純資産（資本）項目勘定のみならず，損益計算書上の名目勘定たる収益・費用項目勘定も使用すること，④（会計上の認識基準を満たした項目を基礎として）貸借対照表上で企業の財政状態を示し，損益計算書上で企業の経営成績を示すこと，⑤損益計算書上と貸借対照表上で二重の利益計算をすること，⑥貸借対照表等の財務諸表は，期中における継続記録に基づく誘導法よって作成されること等が挙げられる。

これらの原理的な特徴が，従来の手書会計から現在のコンピュータ会計へ変化しても変わらないものか否かについて，以下において具体的に検討していくこととする。

① 発生時点での継続記録

これについて，従来の手書会計においてと同様に，現在のコンピュータ会計においても，取引の発生時点において継続的に記録を行うこととしている。むしろ現在は，リアルタイム会計やリアルタイム経営の側面から，これがより重視されている。

② 二面的把握

複式簿記の取引の把握（認識）の側面における最も根本的な特徴の一つとして，取引の二面的把握が挙げられる。これについて，会計専門家が従来と同様に，通常の仕訳を行う場合には，この二面的な把握及び二面的な入力（記録）としての仕訳が行われることとなる。ただし，素人が自動仕訳を行う場合や，入力者（人）がいないでクラウド等を利用してAIが自動的に仕訳を行う場合には，表面的には，二面的把握がなされていないように見える。しかし，より深くその内容を吟味する必要がある。そして，そこでは，ソフトウェアやAIの判断の内容が問題となるであろう。なお，このような自動仕訳が行われるのは，前述（第7章(6)仕訳法）のように，あくまでも基本的に定型的な取引であって，特殊な組織編成等の非定型的な取引は，自動仕訳は行われず，会計専門家による仕訳が必要となるという側面があることに注意しなければならない。そして，例えば，ソフトウェアを活用して，二面的な把握と二面的な記録としての仕訳が行われるのであれば，従来と同じであり，そこに変容は見られないということとなる。この場合，ソフトウェアやAIによって，入力時に同一金額を用いて，かつ（貸借勘定間の）関連付けが必ずなされている。もしこの仮定が成立しない場合には，後からこのような関連付けがなされないので，他の通常の複式簿記によって処理したものと一致しないからである。

③　実在勘定と名目勘定の使用

これについて，現在のコンピュータ会計においても，網羅的で完全な貸借対照表と損益計算書を作成しようとするのであれば，前者の貸借対照表を作成するために実在勘定を，そして後者の損益計算書を作成するために名目勘定を必ず使用することとなり，この網羅性の観点からは，従来の手書会計との間に違いはなく，これについての変容は見られない。

④　財政状態と経営成績の明示

これについて，現在のコンピュータ会計においても，会計上の認識基準を満たしたすべての勘定を計上することによって，貸借対照表において企業の資金の調達と運用状態である財政状態を示し，また，損益計算書において企業の経営成果としての収益とそれを稼得するため犠牲額としての費用を対応させ，その結果として業績としての経営成績を示しており，この面からは，従来の手書会計との間に違いはなく，これについての変容は見られない。

⑤　二重の利益計算

これについて，現在のコンピュータ会計においても，損益計算書上で収益から費用を差し引くことによって利益を計算すると同時に，貸借対照表上で期首純資産と期末純資産の差額として利益を計算するという二重の利益計算をすることである。なお，この場合，貸借対照表項目の増減変化をもって損益計算書項目の増減変化としているので，形式的には二重の利益計算をしているけれども，実質的には同じ取引の裏表なので，二重の利益計算をしていないという考え方がある[2]。

⑥　継続記録に基づく誘導法に基づく貸借対照表等の作成

これについて，現在のコンピュータ会計においても，貸借対照表等の財務諸表は，期末の実施棚卸による棚卸表や財産目録に基づいて作成する[3]という棚卸法ではなく，期中の取引発生時における取引内容の継続記録を基礎として誘導法によって作成されるという点では，基本的に変化はない。ただし，コンピュータ会計の場合には，従来の手書会計のように，仕訳帳→総勘定元帳→財務諸表という時間的な順序で作成（順次処理）されるのではなく，取引の入力は，同時に仕訳帳・総勘定元帳・財務諸表の作成というリアルタイム処理（同時処理）がなされているという点が異なっている。

表８－４　コンピュータ会計化による複式簿記の原理の変容

摘　　　　　　　要	手書会計	C 会 計
①　発生時点での継続記録	○	○
②　二面的把握	○	○
③　実在勘定と名目勘定の使用	○	○
④　財政状態と経営成績の明示	○	○
⑤　二重の利益計算	○	○
⑥　継続記録に基づく誘導法	○	○

（注）　C会計：コンピュータ会計，○：適合

以上検討してきたように，上述の複式簿記の基本的な仕組みである原理は，その時々の状況によって変化するものではない。それゆえ，この複式簿記の原理的な側面という観点からは，複式簿記は，コンピュータ会計化に伴って終焉しないものといえるであろう。

---

(2)　反対に，従来においても，損益の変動をもって，資産負債の変動としていたので，同様なことが言えるとも考えられる。

(3)　ただし，補助的な手段として，棚卸法と継続記録法とが併用されている。

Ⅲ　む　す　び

以上のように，本章では，従来の手書会計からコンピュータ会計へ変遷に伴う複式簿記の変容について検討してきた。この場合，その分析視点として，複式簿記の機能の観点からと原理の観点からに分けて検討してきた。この結果，コンピュータ会計へ変遷に伴う複式簿記への影響といっても，手書会計からコンピュータ会計へ変わることによって，変化する部分と変化しない部分が明らかになった。すなわち，複式簿記の機能の側面については，手書会計からコンピュータ会計への変遷に伴って，その時代の社会経済的ないし会計的な要請からその機能が大きく変容してきている。他方，複式簿記の基本的な仕組みである原理の側面については，コンピュータ会計への変化に伴っても，変容しないということが明らかになった。それゆえ，この後者の複式簿記の原理的な側面という観点からは，複式簿記は，コンピュータ会計化に伴って終焉しないものといえるであろう。

（参考文献）

石川純治［2011］『複式簿記のサイエンス』税務経理協会。

岩崎　勇［2017］「コンピュータ会計の発展に伴う複式簿記の変容について」『經濟學研究』第 84 巻第 2・3 合併号，25 － 43 頁。

――――［2018］「自動仕訳等のコンピュータ会計化に伴う複式簿記の変容について－資産負債アプローチとの関係において－」『財務会計研究』第 12 号，1 － 31 頁。

（岩崎　勇）

むすび（AI時代に複式簿記は終焉するか）

これまでの検討によって，現在の会計は，周知のように，手書会計からコンピュータ会計へと転換して来ている。しかもこのコンピュータ会計も高度な発展を見せ，本書において明示してきたように，自動仕訳やクラウド機能を活用したERPパッケージ等の利用によって，リアルタイム会計さらにはリアルタイム経営も既に行えるようになって来ている。このような状況の下で，ここでは，AI等を活用した自動仕訳を行うコンピュータ会計の進展に伴って，従来行われてきた複式簿記は終焉するかという問題意識をもって検討を進めてきた。

これまでの検討の結果，次のようなことが明確にされた。

第1章では，上述の問題意識の下で，この問題を検討するための前提として，まず簿記の定義を行った。すなわち，本書で「単式簿記」とは，発生した取引について，他の変化との関連付けを行わず，独立的，一面的にそれを把握し，それに基づいて一面的に記録する技術のことをいい，他方，「複式簿記」とは，発生した一つの取引について，原因結果等の観点から関連付けを行い，それを二面的に把握し，それに基づいて二面的な記録としての仕訳を行う技術のことをいう，としている。

第2章では，上述の問題意識の下で，議論の前提として，これまでの簿記の歴史を勘定理論の変遷を中心として概観している。

第3章では，収益費用アプローチから資産負債アプローチに会計観が変更されたことによって，因果的複式簿記から分類的複式簿記への移行が生じているという事実認識を示している。それゆえ，複式簿記の終焉について，もし複式簿記とは因果的複式簿記のことをいい，分類的複式簿記は複式簿記ではなく，単式簿記であると仮定すれば，複式簿記は終焉したと結論づけられる。他方，分類的複式簿記も複式簿記であると仮定すれば，複式簿記は終焉していないという結論が得られる，としている。

第4章では，帳簿の電子化と複式簿記の役割について検討を行い，複式簿記を特徴付ける「複式記入」は，もはやデータを記録する際のインプットのためのフレームワークではなく，記録されたデータを閲覧するときのフレームワークへと変わりつつあることを意味している。電子化社会が進展し，さまざまなシステムが連動するようになれば，データ入力段階で複式記入に固執することには意味がなくなっているかもしれない。つまり，記録されたデータを閲覧するための「表現論理」こそが，複式簿記に残された役割なのかもしれない，としている。

第5章では，ERPやRPA等の様々なICT技術の会計への適用が，複式簿記にいかなる影響を及ぼしてきているかを考察し，現代のコンピュータ会計において，入力データに簿記の要素以外の多くのデータが含まれているとしても，また，入力者がそれを意識していないとしても，会計上の取引記録は仕訳の形で記録され，システム上自動的に勘定に転記される。こうしたシステムがコンピュータの内部でプログラムされている以上，複式簿記は構造として変化していないもの，としている。

第6章では，ブロックチェーン技術と簿記との関係について検討し，ブロックチェーンが簿記を代替する記録方法となるかについては，従来の会計システムを超える機能を有したブロックチェーンを導入したとして，定型外取引が生じた場合には，従来の簿記や会計システムに基づいて記録する必要があり，結果として，ブロックチェーンと会計システムの2つが要求されることになり，ブロックチェーンを導入する意義はない，としている。

第7章では，コンピュータ会計化に伴う複式簿記の変容の内容を明確にするために，主に会計の機能的側面で，かつ技術的な側面における伝統的な手書会計と最新のコンピュータ会計との差異について検討し，その結果，会計の機能的で，技術的な側面については，コンピュータ会計化に伴って複式簿記に大きな変容がみられる，としている。

第8章では，コンピュータ会計化に伴う複式簿記の変容について，機能の観点からと原理の観点からに分けて検討してきた。この結果，複式簿記の機能の側面については，手書会計からコンピュータ会計への変遷に伴って，その時代の社会経済的ないし会計的な要請からその機能が大きく変容してきている。他方，複式簿記の基本的な仕組みである原理の側面については，コンピュータ会計への変化に伴っても，変容しないということが明らかになった。それゆえ，この後者の複式簿記の原理的な側面という観点からは，複式簿記は，コンピュータ会計化に伴って終焉していない，としている。

以上のように，本書では，コンピュータ会計化に伴って複式簿記は終焉するかという問題意識の下で検討を行ってきた。本書で検討された領域は，この問題についてのすべての領域をカバーしているのもではない。それゆえ，この問題について最終的な結論が得られたわけではない。そこで，引き続きこの問題について，さらに一層の研究をスタディグループなどの研究会を通じて続けていきたい。

（岩崎　勇）

索　引

【さ行】

【は行】

【ま行】

【や行】

【ら行】

著者紹介（あいうえお順）

岩崎　勇（いわさき　いさむ）

編著者紹介を参照。

坂上　学（さかうえ　まなぶ）　法政大学教授

略歴：1994年３月，早稲田大学大学院商学研究科博士課程中退。1994年４月に大阪市立大学に就任，助手・講師・助教授・准教授を経て，2009年４月より現職。2017年９月，大阪市立大学より博士（経営学）取得

現在：日本会計研究学会評議員，日本経済会計学会副会長，日本簿記学会理事，日本社会関連会計学会理事，中小企業会計学会理事，不動産鑑定士試験試験委員，証券アナリスト試験委員等に就任

主要著者等：『事象アプローチによる会計ディスクロージャーの拡張』（中央経済社，2016年），“The Impact of XBRL Adoption on the Information Environment：Evidence from Japan,” The Japanese Accounting Review, Vol.4（January 2015），pp.49－74.（with Bai Zhenyang and Fumiko Takeda），『新版　会計人のためのXBRL入門』（同文舘，2011年）等。

島本　克彦（しまもと　かつひこ）　大阪経済法科大学経営学部教授

略歴：1976年３月，中央大学大学院商学研究科修士課程修了（商学修士）1976年４月に兵庫県立神戸商業高等学校，小野高等学校，姫路商業高等学校を経て，1976年４月関西学院大学商学部准教授，大和大学政治経済学部経済経営学科准教授，教授を経て，2020年４月より現職

現在：日本会計教育学会理事，日本簿記学会編集委員，グローバル会計学会監事等に就任

主要著者等：『簿記教育上の諸問題』（単著，関西学院大学出版会，2015年），「高等学校会計について：米国の取り組みから日本の高等学校会計を考える」（産業経理，第76巻９号，pp.96－109．2017年），『会計基礎教育の歴史と現況』（共著，日本公認会計士協会出版，2019年）等。

高須　教夫（たかす　のりお）　兵庫県立大学名誉教授

略歴：神戸大学経営学部卒業。神戸大学大学院経営学研究科博士後期課程単位取得退学。博士（経営学）（神戸大学）。公認会計士試験元試験委員，税理士試験元試験委員

主要著書等：『連結会計論―アメリカ連結会計発達史―』（森山書店），『会計とイメージ』（共著）（神戸大学経済経営研究所）等。

千葉　啓司（ちば　けいじ）　千葉商科大学教授

略歴：千葉商科大学商経学部卒業。明治大学大学院経営学研究科博士後期課程単位取得退学。上武大学商学部専任講師，助教授を経て千葉商科大学准教授，教授。日本簿記学会理事（2011－2014），日本商業教育学会副会長（現職），危機管理システム研究学会副会長（現職）

主要著書等：『比較会社法会計論』（共著）（白桃書房），『図解でナットク！会計入門』（共著）（中央経済社），『エッセンス簿記会計』（共著）（森山書店），『日商簿記ゼミ商業簿記２級教本』（共著）（実教出版）。

村上　翔一（むらかみ　しょういち）　敬愛大学講師

略歴：2017年３月，明治大学大学院経営学研究科博士後期課程修了。博士（経済学）（明治大学）。2018年４月より現職

主要著書等：「保有者における電子マネーの会計処理」『簿記研究』第２巻第１号，pp.１－10（2019年４月），「仮想通貨の会計処理―取得方法の分類を中心として―」『Disclosure&IR』Vol.２，pp.92－102（2017年８月）等。

編著者紹介

岩崎　勇（いわさき　いさむ）

群馬県前橋市生まれ

略歴：明治大学大学院経営学研究科博士課程単位取得

現在：九州大学名誉教授・大阪商業大学特任教授・岩崎哲学研究所所長
会計理論学会理事・グローバル会計学会常務理事・日本会計史学会理事・財務会計研究学会理事

著書論文：『幸せになれる「心の法則」』（幻冬舎），『基本財務会計』，『IASBの概念フレームワーク』（編著），『IFRSの概念フレームワーク』，『キャッシュ・フロー計算書の読み方・作り方』，『経営分析のやり方・考え方』，『新会計基準の仕組みと処理』（以上，税務経理協会），（文部科学省検定済教科書）『新訂版原価計算』（東京法令出版）等の多数の本，及び『IFRSの概念フレームワークについて－最終報告書』（編著：国際会計研究学会　研究グループ），『会計概念フレームワークと簿記－最終報告書』（編著：日本簿記学会簿記理論研究部会）等の多数の論文。

その他：税理士試験委員，福岡県監査委員，FM福岡QT PROモーニングビジネススクール，会計，税務，コーポレート・ガバナンス，監査，哲学等のテーマで講演会の講師等を経験する。

編著者との契約により検印省略

令和３年２月25日　初版第１刷発行

AI時代に
複式簿記は終焉するか

編著者　岩崎　勇
発行者　大坪克行
製版所　税経印刷株式会社
印刷所　光栄印刷株式会社
製本所　株式会社三森製本所

発行所　〒161-0033 東京都新宿区下落合２丁目５番13号　株式会社 税務経理協会

振　替　00190-2-187408　電話（03）3953-3301（編集部）
ＦＡＸ（03）3565-3391　（03）3953-3325（営業部）

URL　http://www.zeikei.co.jp/

乱丁・落丁の場合は，お取替えいたします。

ISBN978-4-419-06771-7　C3034